हिन्दी भाषा : लेखन कौशल (प्रथम सत्र)
तथा
सृजनात्मक लेखन (द्वितीय सत्र)

स्वामी रामानन्द तीर्थ मराठवाड़ा विश्वविद्यालय, नांदेड़, महाराष्ट्र
की एस.ई.सी. के प्रथम वर्ष के लिए पाठ्यपुस्तक

सम्पादक-मण्डल

हिन्दी भाषा : लेखन कौशल (प्रथम सत्र)
तथा
सृजनात्मक लेखन (द्वितीय सत्र)

स्वामी रामानन्द तीर्थ मराठवाड़ा विश्वविद्यालय, नांदेड़, महाराष्ट्र की एस.ई.सी. के प्रथम वर्ष के लिए पाठ्यपुस्तक

सम्पादक

डॉ. शिवाजी वडचकर

वाणी प्रकाशन

प्रकाशन के उत्कृष्टतम 61 वर्ष

vaniprakashan.com

प्रथम संस्करण : 2024

वाणी प्रकाशन

4695, 21-ए, दरियागंज, नयी दिल्ली-110 002

फ़ोन : +91 11 23273167, 23275710

शाखाएँ

अशोक राजपथ, पटना-800 004, बिहार

कॉफ़ी हाउस कैम्पस, महात्मा गांधी मार्ग, प्रयागराज-211 001, उत्तर प्रदेश

महात्मा गांधी अन्तरराष्ट्रीय हिन्दी विश्वविद्यालय, वर्धा-442 001, महाराष्ट्र

sales@vaniprakashan.in

vaniprakashan@gmail.com

Hindi Bhasha : Lekhan Kaushal (First Session)
Tatha
Srijanatmak Lekhan (Second Session)
Edited : Dr. Shivaji Vadachakar

ISBN : 978-93-6287-362-0

मूल्य : ₹ 125

आर. टेक ऑफ़सेट प्रिंटर्स, दिल्ली-110 032 में मुद्रित

वाणी प्रकाशन का लोगो मक़बूल फ़िदा हुसेन की कूची से

अनुक्रम

खण्ड-क (प्रथम सत्र)

हिन्दी भाषा : लेखन कौशल

खण्ड-ख (द्वितीय सत्र)

सृजनात्मक लेखन

शुभाशंसा

स्वामी रामानन्द तीर्थ मराठवाड़ा विश्वविद्यालय, नांदेड़ के स्नातक स्तर प्रथम वर्ष के VSEC प्रश्नपत्र के 'हिन्दी भाषा, लेखन कौशल' तथा 'सृजनात्मक लेखन' के इस पाठ्यक्रम के अध्ययन से छात्र लाभान्वित होंगे, ऐसा मेरा विश्वास है। भाषिक और लेखन कौशल से युक्त पाठ्यक्रम का गठन वर्तमान में छात्रों को निश्चित ही ज्ञानवर्धक बनायेगा।

हिन्दी अध्ययन मण्डल के अध्यक्ष एवं सभी सदस्यों ने अपने परिश्रम से इसे मौलिक बनाया है। मैं अध्ययन मण्डल के अध्यक्ष डॉ. सुजितसिंह परिहार और सम्पादक डॉ. शिवाजी वडचकर तथा सभी अध्ययन मण्डल सदस्यों को बधाई देता हूँ। और हार्दिक शुभकामनाएँ भी!

—डॉ. प्रो. पराग खड़के
अधिष्ठाता मानव्य संकाय
स्वामी रामानन्द तीर्थ मराठवाड़ा विश्वविद्यालय,
नांदेड़

सम्पादकीय

स्वामी रामानन्द तीर्थ मराठवाड़ा विश्वविद्यालय, नांदेड़ का नया पाठ्यक्रम जून, 2024 से शुरू हो रहा है, जो विश्वविद्यालय अनुदान आयोग के निर्देशानुसार हिन्दी अध्ययन मण्डल की कोशिशों का परिणाम है। अध्ययन मण्डल की कई बैठकों, अध्यापकों से प्राप्त सुझावों पर विचार-विमर्श के पश्चात् पाठ्यक्रम का निर्धारण हुआ। प्रस्तुत पाठ्यक्रम स्नातक प्रथम वर्ष के विद्यार्थियों के 'कौशल विकास' के लिए तैयार किया गया है। यह दो सत्रों के लिए दो खण्डों में विभाजित किया गया है। प्रथम सत्र के लिए खण्ड–क में 'हिन्दी भाषा, लेखन कौशल' तथा द्वितीय सत्र के लिए खण्ड–ख में 'सृजनात्मक लेखन' को समाहित किया गया है।

मानव जीवन में कौशल विकास का अनन्य महत्त्व है। मानव जीवन में कोई भी कार्य करने में दो प्रकार की योग्यता आवश्यक होती है–सामान्य और विशेष; किन्तु बहुत से कार्य विशेष अभ्यास तथा परिश्रम से किये जाते हैं। अभ्यास तथा परिश्रम से ही मानव में कार्य सम्पन्न करने की क्षमता आ पाती है। यही क्षमता मानव का कौशल होती है। वर्तमान में देखते हैं कि अब साहित्य की विधाएँ एक-दूसरे का अतिक्रमण करने लगी हैं। उनमें परस्पर सम्बन्ध भी होता है। एक विधा में लिखी गयी रचना को दूसरी विधा में रूपान्तरित कर दिया जाता है। साहित्य पाठ्य होता है किन्तु अब वह दृश्य भी होने लगा है। यह दृश्य-लेखन का युग है और ऐसे युग में भाषा कौशल ही मानव को परिपूर्ण बनाता है। कौशल का विकास व्यवस्थित रूप से भाषा शिक्षण से ही अर्जित हो सकता है। मानव जीवन में कोई भी कार्य या व्यवहार भाषा शिक्षण के बिना सम्भव नहीं है। भाषा कौशल से ही मानव प्रभावशाली बनता है। श्रवण कौशल, भाषण कौशल, वाचन कौशल अपनी कला और विधाओं के ज़रिये मौखिक अभिव्यक्ति तक पहुँचकर परस्पर विचारों का आदान-प्रदान करते हैं। यही कारण है कि विश्वविद्यालयीन छात्रों के प्रत्येक क्षेत्र के अन्तर्गत कौशल को ध्यान में रखकर इस पाठ्यक्रम में श्रवण, भाषण, वाचन, लेखन कौशल के

साथ सृजनात्मक लेखन की शुद्धता देखते हुए स्वामी रामानन्द तीर्थ मराठवाड़ा विश्वविद्यालय, नांदेड़ के हिन्दी अध्ययन मण्डल ने विश्वविद्यालय अनुदान आयोग के निर्देश के अनुसार जिज्ञासु अध्यापक, पाठक और छात्रों के सामने यह पाठ्यक्रम रखा है।

आज ग्लोबल युग में भूमण्डलीकरण ने जहाँ संवेदना को मनुष्य की व्यापक संस्कृति से जोड़ा है, वहीं उसने संस्कृति को अपनी पहचान के साथ ही अस्तित्व में रखा है। साहित्य का सृजन केवल भाव-तरंगों और स्वप्न-प्रवाह तक सीमित नहीं होता, उसमें अपनी आकृति की खोज करनी पड़ती है। इस दृष्टि से हिन्दी अध्ययन मण्डल के सदस्यों ने कौशल विकास का पाठ्यक्रम पूरी मेहनत से तैयार करने का प्रयास किया है। उम्मीद है, यह पाठ्यक्रम विश्वविद्यालय के स्नातक प्रथम वर्ष के छात्रों के सम्प्रेषण में अवश्य सहायक होगा।

प्रस्तुत पाठ्यक्रम के सम्पादन में हिन्दी अध्ययन मण्डल के अध्यक्ष डॉ. सुजितसिंह परिहार के प्रति कृतज्ञ हूँ। हिन्दी अध्ययन मण्डल के सभी सम्मानित सदस्यों के प्रति भी मैं कृतज्ञता ज्ञापित करता हूँ।

सम्पादक

—डॉ. शिवाजी वडचकर

खण्ड-क (प्रथम सत्र)

हिन्दी भाषा : लेखन कौशल

1

भाषा कौशल

प्रस्तावना : मानव-जीवन में कोई भी कार्य करने में दो प्रकार की योग्यता आवश्यक होती है। सामान्य और विशेष किन्तु बहुत-से कार्य में विशेष अभ्यास तथा परिश्रम को अधिक महत्त्व दिया जाता है। इसी अभ्यास तथा परिश्रम से मानव उस कार्य को सम्पन्न करने में विशेष क्षमता को सीखता है। यही क्षमता ही कौशल कहलाती है। इसी कौशल को लेकर विचार करते वक़्त लगता है कि भाषा कौशल यानी व्यवहार में कुशलता प्राप्त करना। कुशलता का विकास व्यवस्थित रूप से भाषा शिक्षण से अर्जित किया जा सकता है। मानव-जीवन का कोई भी व्यवहार भाषा शिक्षण के बिना व्यवस्थित नहीं हो पाता है, तब मानव को अपने कार्य को प्रभावशाली बनाने के लिए भाषा का प्रयोग कुशलतापूर्वक करना पड़ता है। भाषाओं का कौशल दो प्रकार का होता है–मौखिक और लिखित। सम्प्रेषण यह भाषा का मौखिक रूप है, यह प्राथमिक होता है। प्रथम भाषा शिक्षण में लिखित रूप को अधिक महत्त्वपूर्ण माना जाता है। अन्य भाषा शिक्षण में दोनों को भी महत्त्वपूर्ण माना जाता है। श्रवण (सुनना) मौखिक अभिव्यक्ति (बोलना) पठन (पढ़ना) लेखन (लिखना) ये भाषा के चार कौशल माने जाते हैं। छात्रों को इन्हीं कौशलों में निपुणता प्रदान कर उनकी निरन्तर वृद्धि करना ही भाषा कौशल का मूल उद्देश्य होता है।

1.1 भाषा कौशल अर्थ एवं स्वरूप

भाषा का उचित प्रकार से व्यवहार करने के लिए आवश्यक कौशल को भाषा कौशल कहलाते हैं। यहाँ पर भाषा कौशल से तात्पर्य है–भाषा के ठीक तरह से काम करने की योग्यता या सामर्थ्य हासिल करना अर्थात् अध्येता भाषा के चारों कौशलों में सुनना, बोलना, पढ़ना और लिखना में पूर्ण रूप से दक्षता हासिल कर सके। अध्येता के भाषा सीखने पर यदि उसका भाषा के उपरोक्त चारों कौशल पर पूर्णत: अधिकार न हो तो भाषा कौशल अधूरा रह जाता है। तब भाषा कौशल उचित

प्रकार से अपने विचारों को ठीक-ठाक तरीके से श्रोता तक पहुँचाना तथा वक्ता द्वारा अभिव्यक्त किये गये विचारों को ठीक-ठाक प्रकार से समझ पाना भाषा कौशल भाषा का व्यावहारिक पक्ष है। तथ्यों, भावों, विचारों तथा कौशल में शारीरिक अंगों, ज्ञान-इन्द्रियों, कर्म-इन्द्रियों को क्रियाशील रहना पड़ता है। क्योंकि भाषा अभिव्यक्ति का साधन है और अभिव्यक्ति का माध्यम कौशल होते हैं। भाषा विज्ञान तथा व्याकरण अभिव्यक्ति का सैद्धान्तिक पक्ष होता है। तो भाषा कौशल अभिव्यक्ति का व्यावहारिक पक्ष होता है। व्यक्ति की सम्प्रेषण की क्षमता भाषा कौशलों की दक्षता पर ही निर्भर होती है। भाषा की प्रभावशीलता का मानदण्ड बोधगम्यता होती हैं। जिन भावों एवं विचारों की अभिव्यक्ति करना चाहते हैं, उन्हें कितनी सक्षमता से बोधगम्य कराते हैं। यह भाषा कौशलों के उपयोग पर निर्भर होता है।

भाषा संचार का एक अभिन्न अंग है और पेशेवरों को सहकर्मियों, प्रबन्धकों और ग्राहकों के साथ प्रभावी ढंग से बातचीत करने में मदद करती है। चार मुख्य भाषा कौशल हैं, जो लोगों को विचारों, विचारों और भावनाओं का आदान-प्रदान करने में मदद करते हैं। इन चार कौशलों के बारे में जानने से कार्यस्थल में आपके संचार और ग्राहकों के साथ बातचीत बेहतर बनाने में मदद मिल सकती है।

भाषा कौशल क्या है?

भाषा कौशल जो आपको अपने विचारों को सुसंगत रूप से व्यक्त करने और दूसरों के साथ संवाद करने में सक्षम बनाता है। ये कौशल उस जानकारी को संरचना और प्रासंगिकता प्रदान करते हैं जिसे आप प्राप्तकर्ता तक पहुँचाना चाहते हैं। पढ़ना, लिखना, बोलना और सुनना ये चार कौशल हैं, जो बुनियादी भाषा योग्यता का निर्माण करते हैं। संचार करते समय लोग आमतौर पर इन कौशलों के संयोजन का एक साथ उपयोग करते हैं। सही कौशल चुनना आमतौर पर विभिन्न कारकों पर निर्भर करता है। जैसे–सन्देश की तात्कालिकता लक्षित लोगों की संख्या और यह औपचारिक या अनौपचारिक संचार है या नहीं। बातचीत करते समय दो या अधिक भाषा कौशलों का संयोजन करना आम बात है। जब एक साथ उपयोग किया जाता है, तब ये कौशल एक-दूसरे पर सह निर्भर हुआ करते हैं।

(1) सुनना : सुनने का मतलब है वक्ता के सन्देश को समझना, उसकी व्याख्या करना और उसका विश्लेषण करना। सुनना संचार क्रिया का एक अभिन्न अंग है, क्योंकि श्रोता के लिए यह महत्त्वपूर्ण है कि वह बातचीत में शामिल रहे और जो कहा जा रहा है, उसे सक्रिय रूप से समझें। इससे स्पष्टता बढ़ाने, प्रासंगिक

प्रश्न पूछने, उचित प्रतिक्रियाएँ तैयार करने और गलतफहमी को रोकने में मदद मिलती है। बैठकों, चर्चाओं, फीडबैक सत्रों और साक्षात्कारों में भाग लेते समय सुनना महत्त्वपूर्ण है। ध्यानपूर्वक सुनने के कई लाभ हैं, जो बातचीत समाप्त होने के बाद भी आवश्यक हो सकते हैं। सक्रिय रूप में सुनने से आपको बाद में याद करने के लिए जानकारी को संसाधित करने और संगृहीत करने में मदद मिल सकती है। आपके सामने वाला व्यक्ति क्या कुछ रहा है, इस पर ध्यान केन्द्रित करने से भी ध्यान केन्द्रित करने में मदद मिल सकती है और आप अपने विचारों को प्रभावी ढंग से व्यक्त कर सकते हैं।

(2) बोलना : बोलना आपके विचारों की मौखिक अभिव्यक्ति है। प्रभावी ढंग से बोलने में आपकी अभिव्यक्ति और शब्दावली स्पष्टता और प्रवाह होना शामिल है। इसमें आत्मविश्वास, जुनून और जैसी अन्य आवश्यक क्षमताएँ भी शामिल हैं। प्रभावशाली बोलने का कौशल आपको अपने करियर में प्रगति करने, बैठकों के दौरान योगदान देने और अपने पारस्पारिक सम्बन्धों को बेहतर बनाने में मदद कर सकते हैं।

(3) लेखन : लेखन में सही संरचना और सूचना के प्रवाह का उपयोग कर अपने विचारों को पाठ के रूप में प्रस्तुत करना शामिल है। आप जो सन्देश देना चाहते हैं, उसके लिए सही शब्दावली, माध्यम और रूपरेखा चुनना सुनिश्चित कर सकता है कि आपका लेखन दिलचस्प हो और इच्छित सन्देश दे। व्याकरणिक रूप से सटीक पाठ लिखना, छोटे वाक्यों का उपयोग करना और व्यापक रूप से शोध करना आपके पाठ को अधिक प्रभावशाली बनाने कुछ तरीके है। चाहे कोई भी भूमिका या उद्योग हो पेशेवर अक्सर ईमेल, रिपोर्ट, पत्र और प्रस्ताव लिखते हैं। यह सभी पेशेवरों के लिए लेखन कौशल को आवश्यक बनाता है।

(4) पढ़ना : पढ़ने के कौशल विभिन्न पाठों, उनके सन्दर्भ और अनुमान को समझने में मदद करते हैं। ये कौशल आपके समर्ग साक्षरता कौशल को बेहतर बनाने के लिए महत्त्वपूर्ण हैं, क्योंकि आपकी शब्दावली, अभिव्यक्ति, विश्लेषण और संचार को बढ़ाने में मदद कर सकते हैं। पत्र, सन्देश, नोट्स, मेमो, ईमेल और रिपोर्ट जैसे विभिन्न पाठ रूपों को ध्यान से पढ़ने से आपको व्यक्तिगत और व्यावसायिक सम्बन्धों में गलतफहमी रोकने में मदद मिल सकती है। पढ़ते समय चौकस और केन्द्रित रहने से आपको पाठ के अर्थ प्रभावी ढंग से समझने और जानकारी लम्बे समय तक याद रखने में भी मदद मिल सकती है।

1.2 भाषा कौशल क्षेत्र

भाषा एक बहुआयामी उपकरण है जो संचार अभिव्यक्ति और समझ के साधन के रूप में कार्य करता है। भाषा अधिग्रहण के क्षेत्र में चार प्राथमिक कौशल केन्द्रीय भूमिका निभाते हैं। बोलना, सुनना, पढ़ना और लिखना। इनमें से प्रत्येक कौशल किसी व्यक्ति की भाषा दक्षता में अद्धितीय रूप से योगदान देता है और जीवन के विभिन्न पहलुओं में महत्त्वपूर्ण भूमिका निभाता है। बोलना अक्सर सबसे महत्त्वपूर्ण भाषा कौशल माना जाता है, क्योंकि यह सीधे मानव संचार को सक्षम बनाता है। यह सामाजिक और व्यावसायिक दोनों तरह से दूसरों के साथ बातचीत की सुविधा प्रदान करता है, जिससे व्यक्ति अपने विचारों, विचारों और भावनाओं कों प्रभावी ढंग से व्यक्त कर सकता है। सुनना बोलने का प्रतिरूप है और यह प्रभावी संचार में भी उतना ही आवश्यक है।

संचार एक आवश्यक जीवन कौशल है। वह चाहे अपने भीड़ भरे कमरे में चिल्लाया हो, किसी मित्र को हाथ हिलाया हो या सहकर्मी को नोट लिखा हो, अपने पिछले कुछ घण्टों में सम्भवत: संचार के कई रूपों में भाग लिया होगा। मनुष्य के रूप में हम मौखिक, अशाब्दिक और लिखित संकेतों के एक विशाल नेटवर्क का उपयोग कर एक दूसरे के साथ संवाद करते हैं। सुनना, बोलना, लिखना और पढ़ना, इनमें प्रभावी साक्षारता के सभी क्षेत्र शामिल हैं।

चार भाषा कौशल क्षेत्र आपस में जुड़े हुए हैं और एक क्षेत्र में छात्र की क्षमता कभी-कभी दूसरे क्षेत्र में उनकी क्षमता का अनुमान लगा सकती है। वर्तमान तान्त्रिक विज्ञान अनुसन्धान ने प्रदर्शित किया है कि मस्तिष्क के कुछ भागों को उपयोग किया जाता है, भले ही कोई व्यक्ति चार भाषा क्षेत्रों में से किसी का भी उपयोग कर रहा हो। मस्तिष्क के कुछ अन्य क्षेत्र भी है, जो केवल उन कार्यों के दौरान सक्रिय होते हैं जो व्यक्तिगत रूप से भाषा कौशल क्षेत्रों को लक्षित करते हैं। इसका मतलब यह है कि कुछ समानताओं के बावजूद, प्रत्येक भाषा कौशल क्षेत्र का अपना स्वतन्त्र तान्त्रिक कार्य होता है, इसलिए इसे व्यक्तिगत रूप से पढ़ाया और अभ्यास कराया जाना चाहिए। यह संकेत देता है कि हम यह नहीं मान सकते कि एक छात्र जो चार भाषा कौशल क्षेत्रों में से एक कुशल है, वह स्वचलित रूप से अन्य में भी कुशल होगा।

भाषा कौशल का क्षेत्र बहुत व्यापक है। जिसमें भाषा के उपयोग और समझने की विभिन्न क्षमताएँ शामिल होती हैं। यह कौशल हमारे दैनिक जीवन, शिक्षा, व्यवसाय और व्यक्तिगत सम्बन्धों में महत्त्वपूर्ण भूमिका निभाता है। भाषा कौशल को विभिन्न क्षेत्रों में विभाजित किया जा सकता है। जिनमें सुनना, बोलना, पढ़ना और

लिखना मुख्य है। इन चारों कौशलों को एक सम्पूर्ण और प्रभावी संचारक बनने के लिए विकसित करना आवश्यक है। अब हम भाषा कौशल के क्षेत्र को समझते हैं।

1. सुनने का कौशल क्षेत्र : (Listening Skills)

शिक्षा : शिक्षण और अध्ययन में सुनना सबसे महत्त्वपूर्ण होता है। विद्यार्थियों को शिक्षक द्वारा दी गयी जानकारी को ध्यान से सुनना चाहिए, ताकि वे उसे सही तरीके से समझ सकें।

व्यावसायिक संचार : व्यावसायिक बैठकों, चर्चाओं और वार्तालापों में प्रभावी सुनने की आवश्यकता होती है, ताकि जानकारी का सही आदान-प्रदान हो सके।

सामाजिक सम्बन्ध : व्यक्तिगत और सामाजिक रिश्तों में संवाद के दौरान सही तरीके से सुनना जरूरी है, ताकि व्यक्ति की भावनाओं और विचारों को समझा जा सके।

2. बोलने का कौशल : क्षेत्र (Speaking Skills)

प्रस्तुतीकरण और भाषण : सार्वजनिक स्थान पर बोलना एक महत्त्वपूर्ण कौशल है, जिसका उपयोग शिक्षण, नेतृत्व और प्रेरणा देने के लिए किया जाता है।

व्यापार और पेशेवर संचार : व्यावसायिक मीटिंग, फोन कॉल, ग्राहक से संवाद और वार्तालाप में बोलने का कौशल महत्त्वपूर्ण होता है।

सामाजिक सम्पर्क : परिवार दोस्तों और सहकर्मियों के साथ बातचीत में स्पष्ट और सटिक बोलने से सम्बन्ध मजबूत होते हैं। विचारों और भावनाओं को स्पष्ट और प्रभावी ढंग से व्यक्त करने में मदद होती है। प्रभावी बोलने से आत्मविश्वास और संचार की गुणवत्ता बढती है।

3. पढ़ने का कौशल क्षेत्र : (Reading Skills)

शिक्षा और अध्ययन : पढ़ने का कौशल शिक्षण प्रक्रिया का अभिन्न हिस्सा है। इससे छात्र विभिन्न विषयों को समझते हैं और उनके ज्ञान का विस्तार होता है।

व्यावसायिक क्षेत्र : कार्यस्थल पर महत्त्वपूर्ण दस्तावेजों ईमेल, रिपोर्ट और लेखों को पढ़ने की आवश्यकता होती है।

मनोरंजन और ज्ञानवर्धन : साहित्य समाचार पत्र, पत्रिकाएँ और ऑनलाइन सामग्री पढ़ने से मनोरंजन के साथ-साथ ज्ञान का विकास होता है। यह मस्तिष्क को नये विचारों और जानकारी से परिचित करता है। पढ़ने से सोचने की क्षमता और विश्लेषणात्मक कौशल विकसित होते हैं। शब्दावली और भाषा की समझ को समद्ध करता है।

4. लिखने का कौशल क्षेत्र (Writing Skills)

शैक्षणिक लेखन : निबन्ध, शोधपत्र, असाइनमेंट और परीक्षा में उत्तर लिखने के लिए प्रभावी लेखन कौशल जरूरी होता है।

व्यावसायिक लेखन : रिपोर्ट, ईमेल, ज्ञापन, प्रस्ताव और प्रस्तुतीकरण लिखने के लिए लिखने का कौशल आवश्यक होता है।

रचनात्मक लेखन : कविता, कहानियाँ, उपन्यास और नाटक लिखने के लिए लेखन की रचनात्मकता और गहराई की आवश्यकता होती है। विचारों को व्यवस्थित और संरचित रूप में प्रस्तुत करने में मदद करता है। लिखने से संचार का एक स्थायी रिकॉर्ड बनता है, जो आगे के सन्दर्भों के लिए उपयोगी होता है। यह भाषा की जटिलताओं को समझने और उन्हें लागू करने में सहायता करता है।

5. अन्य महत्त्वपूर्ण भाषा कौशल क्षेत्र

i. शब्दावली का विकास : शब्दावली का विकास भाषा कौशल की और अधिक समृद्ध और प्रभावी बनाता है। यह पढ़ने, बोलने और लिखने में नये शब्दों और अभिव्यक्तियों का सही उपयोग करने की क्षमता को बढ़ाता है। इसका उपयोग साहित्यिक लेखन, संवाद और संचार में भाषा की विविधता और सुन्दरता को जोड़ने के लिए किया जाता है।

ii. समझने को कौशल : यह कौशल व्यक्ति को सुनी या पढ़ी गयी जानकारी को समझने और उसका विश्लेषण करने की क्षमता देता है। शैक्षणिक क्षेत्र में इसका उपयोग प्रश्नों के उत्तर देने और लेखों का विश्लेषण करने के लिए किया जाता है। यह भाषायी दृष्टिकोण से गहन समझ और आलोचतनात्मक चिन्तन विकास करने में मदद करता है।

व्याकरणिक कौशल : सही व्याकरण का ज्ञान भाषा कौशल को सटीक बनाता है। सही व्याकरण का उपयोग कर व्यक्ति वाक्यों को प्रभावी ढंग से बोल और लिख सकता है। यह किसी भी प्रकार की भाषा सम्बन्धी गलतियों को स्पष्ट और प्रभावी बनाता है।

4. शैली और स्वर का विकास : यह कौशल लिखने और बोलने के तरीके को प्रभावी और आकर्षक बनाने में मदद करता है। इसे विभिन्न प्रकार की लेखन शैलियों में विभाजित किया जा सकता है। जैसे औपचारिक, अनौपचारिक, व्यंग्यात्मक, प्रेरणादायक और सूचनात्मक।

1.3 भाषा कौशल की विशेषताएँ

भाषा कौशल न केवल संचार के लिए महत्त्वपूर्ण है, बल्कि वे कार्य स्थल स्कूल और किसी के व्यक्तिगत जीवन में प्रगति के लिए आधारशिला के रूप में काम करता है। मानव जीवन में भाषा कौशल का बहुत महत्त्व है। भाषा एक वाहक के रूप में कार्य करती है जिसके द्वारा ज्ञान पारित किया जा सकता है और समझ विकसित होती है। छात्रों की भाषाई क्षमताएँ उनकी शैक्षणिक सफलता और भविष्य के अवसरों को निर्धारित करने में महत्त्वपूर्ण भूमिका निभाती है। भाषा कौशल छात्रों के भविष्य की सम्भावनाओं और कक्षा में सफलता को परिभाषित करने में एक बडी भूमिका निभाते है। छात्रों के वाक्य विन्यास और व्याकरण की बारीकियों को समझने में मदद करते हैं। भाषा कौशल छात्रों के निजी जीवन में सफल होने का एक आवश्यक कौशल है। भाषा की क्षमता स्कूल, कॉलेज़ और उसके बाहर सफलतां की नींव है, जो व्यावहारिक संचार कौशल बनाने से लेकर आलोचनात्मक सोच, समझ बढ़ाने तक हर चीज में मदद करती है। आज हम शिक्षा के लगातार बदलते परिदृश्य में आगे बढ रहे है।

भाषा एक बहुआयामी उपकरण है जो संचार, अभिव्यक्ति और समझ के साधन के रूप में कार्य करता है। भाषा अधिग्रहण के क्षेत्र में चार प्राथमिक कौशल एक केन्द्रिय भूमिका निभाते हैं, बोलना, सुनना, पढ़ना, लिखना इनमें से प्रत्येक कौशल किसी व्यक्ति की भाषा दक्षता में अद्वितीय रूप से योगदान देता है और जीवन के विभिन्न पहलुओं में महत्त्वपूर्ण भूमिका निभाता है। भाषा एक अभिव्यक्ति का साधन है।

भाषा मनुष्यों द्वारा प्रयुक्त ध्वनि संकेतों का ऐसा रूप होता है, जो विश्व के अलग-अलग क्षेत्रों में अलग-अलग रूपों में व्यक्त होता है। सामान्य अर्थ में भाषा मनुष्य के अपने विचारों, भावों को आदान-प्रदान का साधन है। भाषा की परिभाषा देना जैसे कठिन कार्य है, उसी प्रकार भाषा कौशल की विशेषताएँ देना भी कठिन है। तो भी हम भाषा कौशल की कुछ विशेषताओं को देखने का प्रयास करेंगे।

1. भाषा कौशल भाषा का व्यावहारिक पक्ष है।
2. भाषा कौशल की अपनी एक संरचना होती है।
3. भाषा कौशल कठिनता से सरलता के नियमानुसार होता है।
4. भाषा कौशल-भाषायी योग्यता सभी व्यक्तियों में गुणात्मक रूप से समान होता है।
5. भाषा कौशल संश्लेषणात्मक से विश्लेषणात्मकता की और ले जाता है।

6. भाषा कौशल में परम्परा से शब्द, वाक्य रचना, अभिव्यक्ति शैली तथा लोकोक्ति मुहावरों का प्रयोग होता है।
7. भाषा कौशल में थोड़ा-बहुत परिमार्जन और परिवर्तन होता रहता है।
8. भाषा कौशल अभिव्यक्ति का एक सांकेतिक साधन है।
9. भाषा कौशल अर्जित सम्पत्ति है।
10. भाषा कौशल का मानवी विचारों से गहरा सम्बन्ध होता है।
11. भाषा कौशल का समाज से सम्बन्ध होता है।
12. भाषा कौशल का अर्जन अनुकरण द्वारा होता है।
13. भाषा कौशल समयानुरूप परिवर्तनशील होता है।
14. भाषा कौशल में मानसिक और शारीरिक अंगों-ज्ञान-इन्द्रियाँ और कर्म-इन्द्रियाँ क्रियाशील होती हैं।
15. भाषा कौशल में प्रत्यक्षीकरण तथा मानसिक व्यवस्था की आवश्यकता होती है।
16. भाषा कौशल के दो घटक होते हैं–पाठ्यवस्तु-अभिव्यक्ति।
17. भाषा कौशल के दो प्रवाह-लिखना-पढ़ना, बोलना-सुनना।
18. भाषा कौशल से समीक्षण की समक्षमता का विकास होता है।
19. भाषा कौशल से प्रभावशीलता का आकलन, कौशलों की शुद्धता तथा बोध गम्यता से किया जाता है।
20. भाषा कौशलों का भाषा विज्ञान तथा व्याकरण ही मुख्य आधार होता है।

2

भाषा कौशल के प्रकार

2.1-श्रवण-कौशल (सुनना Listening)

भूमिका

भाषा में कुशलता प्राप्त करने की दृष्टि से छात्रों को श्रवण, भाषण, पठन और लेखन का ज्ञान उसमें प्रवीणता व निपुणता का होना अत्यन्त आवश्यक है। भाषा के क्षेत्र में कौशल या कुशलता दो प्रकार के होते हैं। एक प्राथमिक और दूसरा गौण। प्राथमिक कौशल के अन्तर्गत सुनना और बोलना अर्थात् अभिव्यक्त करना आता है। गौण कौशल के अन्तर्गत पठन और रचना अर्थात् लिखने की कला को सम्मिलित किया जा सकता है। मनुष्य में भाषा सीखने की प्रवृत्ति स्वाभाविक रूप से विद्यमान रहती है। उसकी इस प्रवृत्ति का प्रमाण शैशवावस्था में मिल जाता है। जब वह अनुकरण के माध्यम से अपने माता-पिता तथा घर के अन्य सदस्यों से ध्वनियाँ ग्रहण करता है, ध्वनि समूहों को समझने लगता है और उन्हें बोलने लगता है। यह स्वाभाविक प्रवृत्ति ही उसे भाषा सीखने की ओर प्रशस्त करती है।

भाषा एक कला है, दूसरी कलाओं की भाँति इसे सीखा जाता है और सतत अभ्यास से इसमें प्रवीणता आती है। जिस प्रकार दूसरी कलाओं में साधनों की आवश्यकता होती है, उसी प्रकार भाषा सीखने के लिए भी साधन की आवश्यकता होती है। साधन का दूसरा नाम अभ्यास है। कला की साधना अन्ततः आदत बन जाती है। शुद्ध एवं शिष्ट बोलने वाले व्यक्ति को स्कूल में पढ़े व्याकरण के नियम याद न हो, लेकिन बोलते वक्त स्वयं, उसके मुख से व्याकरण सम्मत शुद्ध भाषा ही निकलेगी। भाषा ज्ञार्नाजन सशक्त साधन है, परन्तु सबसे पहले भाषा कौशलों 'L.S. R.W.' में प्रवीणता प्राप्त करने की आवश्यकता होती है।

L. Listenind skill

S. Speaking oral Skill

R. Reading Skill

W. Writing Skil

भाषा कौशल का सम्बन्ध केवल ज्ञान प्रदान करना या सूचनाएँ प्रदान करना मात्र नहीं बल्कि भाषा सीखने वालों को इन चारों कौशलों में दक्ष–

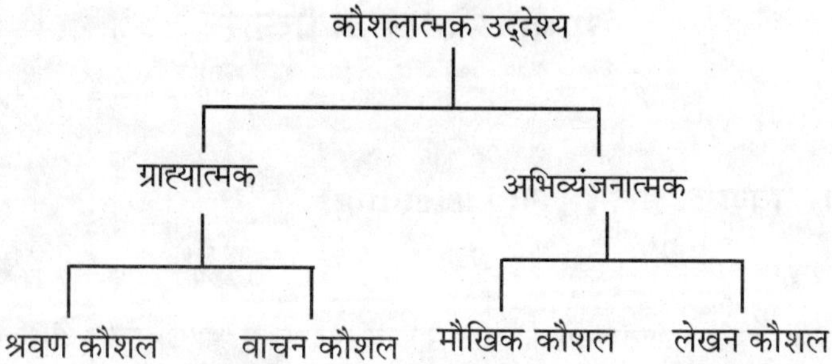

बनता है। इन चारों कौशलों में दक्षता प्राप्त करने का अर्थ है–शुद्ध भाषा बोलना, सफलतापूर्वक सस्वर एवं मौन पाठ करना, धैर्यपूर्वक दूसरों की बात सुनना, प्रभावपूर्ण भाषा में लिखकर अपने विचार प्रकट करना। साहित्य का रसास्वादन करना आदि है

श्रवण कौशल का विकास

प्रस्तावना : बच्चों में सुनना (श्रवण) कौशल के विकास का अर्थ है उन्हें मौखिक भाषा सुनाकर उसके अर्थ एवं भाव समझने कि क्रिया में निपुण करना और इसके लिए आवश्यक है कि उनमें सुनने के आवश्यक तत्त्वों का विकास किया जाये। सुनना यह मानव जीवन की एक अनिवार्य क्रिया है। जहाँ तक मातृभाषा के सन्दर्भ में सुनने के कौशल के विकास का प्रश्न है, इसका कुछ विकास तो बच्चों में विद्यालयों में प्रवेश लेने से पहले हो चुका होता है, परन्तु उसकी अपनी सीमा होती है और यह सीमा बहुत छोटी होती है। विद्यालयों में बच्चों को मातृभाषा के सर्वमान्य रूप को सुनने और सुनकर उसका अर्थ एवं भाव समझने में दक्ष किया जाता है।

सुनकर ज्ञान प्राप्त करना एक मानवीय प्रवृत्ति है। श्रवणीय सामग्री का सुनकर अर्थ ग्रहण करना, भाषा सामग्री सुनाकर अर्थ ग्रहण कराना, भाषा-शिषण का पहला कौशलात्मक सामान्य उद्द्देश होता है। इस कौशल के विकास से छात्र में ऐसी मन:स्थिति का निर्माण किया जाता है कि वे कही हुई बात समझ सकें एवं वक्ता कथन में प्रयुक्त शब्दों, उक्तियों, मुहावरों का प्रसंगानुकूल भाव समझ सके।

इसीलिए विद्यार्थियों को कथा शैलियों से परिचित कराना आवश्यक है। शब्दों और वाक्यों में सार्थकता उनका प्रथम लक्षण है। सार्थक ध्वनियाँ मस्तिष्क में विचार या भाव बिम्ब बनाती हैं और शिक्षक उन भाव या विचार बिम्बों को स्थूल रूप देता है। बोलने की शैली व लहजे से वक्ता के भाव एवं अभिव्यक्ति प्रकट होती है। कई शब्दों में सिर्फ उस अर्थ का बोध नहीं होता है, बल्कि उसके लाक्षणिक एवं व्यंजक अर्थ का भी बोध होता है। जैसे–गाय का लाक्षणिक प्रयोग सीधे-सादे व्यक्ति के लिए किया जाता है। कुछ वाक्यों का व्यंग्यार्थ एवं हास्यार्थ अर्थ भिन्न होता है। अत: कुछ शिक्षक को इस कौशल में दक्ष करना आवश्यक है कि छात्र भाषा का प्रसंगानुकूल (शैली एवं लहजे के हिसाब से) बोध कर सकें, क्योंकि मौखिक अभिव्यक्ति की भी विभिन्न शैलियाँ होती हैं। यदि वक्ता केवल 'अच्छा', व्यंग्यात्मक, हास्यात्मक, विस्मयात्मक, अनुमोदनात्मक आदि लहजे में कहा जा सकता है। यह श्रोता को समझना होगा कि यह 'अच्छा' किस भाव से कहा गया है।

श्रवण के प्रकार :

'श्रवण' शब्द 'श्रु' धातु से बना है, जिनका सम्बन्ध सुनने की विभिन्न क्रियाओं यथा ध्यानपूर्वक सुनने अधिगम करने तथा मौखिक संवाद करने आदि से है। 'श्रवण' केवल ध्वनियों को सुनना मात्र नहीं होता। श्रवण में किसी कथन को ध्यानपूर्वक सुनने सुनी गयी बात पर चिन्तन-मनन करने तथा चिन्तन के बाद उस पर अपना मन्तव्य स्थिर कर तदनुसार आचरण या व्यवहार करने जैसी क्रमबद्ध प्रक्रियाएँ सम्मिलित है। श्रवण कौशल का अर्थ बालक में ऐसी क्षमता का विकास करने से है, जिससे बालक किसी कथन को ध्यान से सुन सके, उसका सही अर्थ समझा सके एवं उचित निर्णय ले सके। सुनना मानव जीवन की एक अनिवार्य क्रिया है। सुनने की क्रिया के प्रकार बालक से अपेक्षाएँ रखकर निम्न रूप से हो सकते हैं।

—अवधानात्मक श्रवण

—रसात्मक श्रवण

—विश्लेषणात्मक श्रवण

अवधानात्मक श्रवण— अवधानात्मक श्रवण से आशय हैं श्रुत सामग्री को ध्यानपूर्वक सुनकर उसके मुख्य तत्त्वों, विचारों, आदेशों, निर्देशों तथा वार्तालाप के सूत्रों आदि को ग्रहण करना। अवधानात्मक श्रवण के विकास लिए श्रुत सामग्री के मुख्य बिन्दु सुनाने के लिए कह सकते हैं। अवधानात्मक श्रवण, श्रवण के अन्य दो प्रकारों की आधारशिला है।

रसात्मक श्रवण— उचित स्वाराघात एवं अनुतान, उपयुक्त गति, भाव-भंगिमा एवं लहजे के साथ सुनाई गयी अथवा पढ़ी गयी सामग्री में श्रोता द्वारा आनन्दानुभूति करना रसात्मक श्रवण कहलाता है। भाषा शिक्षण में रसात्मक श्रवण योग्यता के विकास के लिए कविता सर्वोत्तम साधन है।

विश्लेषणात्मक श्रवण— इसमें श्रोता श्रुत सामग्री में प्रस्तुत विचारों, भावों आदि पर तुलनात्मक दृष्टि से विचार करता हुआ अपने पूर्व अनुभवों के आधार पर उनका मूल्यांकन करता है तथा निष्कर्ष निकालता है। भाषा-शिक्षक को विश्लेषणात्मक श्रवण विकास के प्रति सजग रहना चाहिए, क्योंकि सामाजिक व्यवहार में हम विश्लेषणात्मक श्रवण की ही अपेक्षा रखते हैं।

उपरोक्त तीनों भी प्रकार परस्पर व्यापित हैं किन्तु प्रत्येक में श्रोता की मन:स्थिति में भिन्नता होती है। श्रवण के इन तीनों रूपों के शैक्षणिक उद्देश्यों में अन्तर होने के कारण कुछ शिक्षाशास्त्रियों का सुझाव है कि अवधानात्मक श्रवण तथा रसात्मक श्रवण हेतु किये गये सस्वर वाचन के समय केवल वाचक के हाथ में पुस्तक हो, श्रोता ध्यानपूर्वक सुनते रहें तभी वे सस्वर वाचन की विशेषताओं की अनुभूति कर सकेंगे! पुस्तक सामने रखकर साथ-साथ पढ़ने के कारण न तो वे श्रुत सामग्री पर पूरी तरह ध्यान केन्द्रित कर पायेंगे और न ही वाचक की भाव-भंगिमा कहने के लहजे की उपयुक्त अनुभूति ही कर पायेंगे।

श्रवण (सुनना) कौशल का अर्थ

सामान्यत: कानों द्वारा ध्वनियों को ग्रहण करना और मस्तिष्क द्वारा उनको अनुभूति करने को सुनना अथवा श्रवण कहते हैं। भाषा-श्रवण का सम्बन्ध कर्ण से है, परन्तु भाषा के सन्दर्भ में सुनने का अर्थ होता है–मौखिक भाषा के माध्यम से अभिव्यक्त भाव एवं विचारों को सुनकर समझना। इस प्रकार जब कोई व्यक्ति हमारे सामने अपने भाव एवं विचार मौखिक भाषा के माध्यम से अभिव्यक्त करता है और हम उसे सुनकर उसके भाव एवं विचार समझते और ग्रहण करते हैं तो हमारी यह क्रिया सुनना अथवा श्रवण कहलाती है। यह बात दूसरी है कि हम यथा भाव एवं विचार किस सीमा तक समझते और ग्रहण करते हैं।

श्रवण अर्थात् सुनने की क्रिया ही भाषा सीखने की प्रथम सीढ़ी है। छात्र कविता, कहानी, भाषण, वार्तालाप आदि का ज्ञान सुनकर ही प्राप्त करता है। मौखिक भाषा सुनकर उसके अर्थ एवं भाव समझने की क्रिया में निपुण होना ही श्रवण कौशल

का विकास है। इसके लिए हमेशा प्रयास की जरूरत होती है। वास्तव में श्रवण कौशल भाषा सीखने का प्रमुख एवं महत्त्वपूर्ण अंग है। इसके आधार पर ही अन्य कौशलों का विकास किया जा सकता है। इस प्रकार स्पष्ट रूप से कहा जा सकता है कि सुनने के अभ्यास को ही श्रवण कौशल कहा जाता है। कानों द्वारा ध्वनियों को स्वीकार कर मस्तिष्क द्वारा उसको अनुभूति करने को ही श्रवण कहा जाता है। यदि छात्र के श्रवण-इन्द्रिय में दोष हो तो वह न भाषा सीख सकता है और न अपने मनोभावों को अभिव्यक्त कर सकता है। अत: उसका भाषा ज्ञान शून्य के बराबर ही रहेगा। बालक सुनकर ही अनुकरण से भाषा अर्जित करता है। श्रवण कौशल के लिए मस्तिष्क की एकाग्रता एवं इन्द्रियों का संयम होना अत्यन्त आवश्यक है। बालक के जन्म लेने के उपरान्त उसकी प्रारम्भिक शिक्षा उसकी श्रवण शक्ति पर निर्भर करती है। डॉ. किशोरीलाल शर्मा–श्रवण कौशल के अर्थ को स्पष्ट करते हुए कहते हैं–

"श्रवण कौशल में केवल ध्वनि श्रवण का ही समावेश नहीं होता है, अपितु जो कुछ हम सुनते हैं, उसे पहचानते हैं, समझते हैं और अर्थ ग्रहण कर उसे स्मरण रखते हैं, इसी प्रकार किसी भाषण को ग्रहण करने की प्रक्रिया को निष्क्रिय नहीं कहा जा सकता, यह एक कड़ी है तथा सोद्देश्य है।"

श्रवण कौशल का महत्त्व :

सुनकर ज्ञान प्राप्त करना एक मानवीय प्रवृत्ति है। श्रवणीय सामग्री का सुनकर अर्थ ग्रहन करना, भाषा सामग्री सुनकर अर्थ ग्रहण करना, भाषा-शिक्षण का पहला कौशलात्मक सामान्य उद्देश्य है। इस कौशल के विकास से छात्र में ऐसी मन:स्थिति का निर्माण किया जाता है कि वे कही हुई बात समझ सकें एवं वक्ता के कथन में प्रयुक्त शब्दों, उक्तियों, मुहावरों का प्रसंगानुकूल भाव समझ सकें। इसीलिए छात्रों को कथा शैलियों से परिचित कराना आवश्यक हैं।

बच्चा जन्मोपरान्त ही सुनने लगता है। यह ध्वनियाँ उसके मन-मस्तिष्क पर अंकित हो जाती है। यह अंकित ध्वनियाँ ही बच्चे के भाषा ज्ञान का आधार बनती है। अच्छी प्रकार से सुनने के कारण ही बालक ध्वनियों के सूक्ष्म अन्तर को समझ पाता है। श्रवण-कौशल ही अन्य भाषायी शैलियों को विकसित करने का प्रमुख आधार बनता है।

(1) बालक के व्यक्तित्व विकास में श्रवण कौशल का सर्वाधिक महत्त्व होता है। बालक जिन ध्वनियों को सुनता है, वह उसके मन-मस्तिष्क में अंकित हो जाती हैं।

यह अंकित ध्वनियाँ ही बच्चे के भाषा-ज्ञान का आधार बनती हैं।

(2) बच्चा श्रवण के प्रति जागरूक होता है। उसकी श्रवणेन्द्रियों का उपयोग होता है।

(3) भाषा अनुकरण द्वारा सीखी जाती है। नये-नये शब्दों को सुन कर बालक अपने शब्दों के भंडार में वृद्धि करता है। बालक परिवार सदस्यों तथा अध्यापकों की बात सुनकर स्वयं अपने उच्चारण, हाव-भाव, उतार-चढ़ाव उचित स्वर गति के अनुसार बोलने का प्रयास करता है।

(4) शान्त रहकर दूसरों की बात सुनकर या समझकर ही व्यक्ति अपने विचारों के प्रतिपादन हेतु ठोस तर्क प्रस्तुत कर सकता है।

(5) साहित्य की विविध विधाओं का अध्ययन तथा उनकी व्याख्या सुनकर ही उसकी विषय वस्तु को ग्रहण किया जा सकता है।

(6) श्रवण-कौशल ही अन्य भाषायी कौशलों को विकसित करने का प्रमुख आधार बनता है।

श्रवण कौशल के उद्देश्य :

(1) सुनकर अर्थ ग्रहण करने की योग्यता का विकास करना। किसी भी श्रुत सामग्री को मनोयोगपूर्वक सुनने की प्रेरणा करना।

(2) किसी भी श्रुत सामग्री को मनोयोगपूर्वक सुनने की प्रेरणा प्रदान करना।

(3) वक्ता के मनोभावों की निपुणता पैदा करना।

(4) श्रुत सामग्री के विषय को भलि-भाँति समझने की योग्यता करना।

(5) श्रुत सामग्री के महत्त्वपूर्ण एवं मर्मस्पर्शी विचारों भावों एवं तथ्यों का चयन करने की क्षमता प्रदान करना।

(6) विद्यार्थियों में ध्वनियों, शब्दों का शुद्ध उच्चारण तथा स्वर, गति, लय और प्रवाह के साथ पढ़ने की योग्यता विकसित करना।

(7) छात्रों की मौलिकता में वृद्धि करना।

(8) छात्रों का मानसिक एवं बौद्धिक विकास करना।

(9) छात्रों में भाषा और साहित्य के प्रति रुचि पैदा करना।

(10) छात्रों को साहित्यिक गतिविधियों में भाग लेने और सुनने के लिए प्रेरित करना।

(11) श्रुत सामग्री का सारांश ग्रहण करने की योग्यता विकसित करना। सुनकर अर्थ ग्रहण करने से अभिप्राय यह है कि विद्यार्थियों में निम्नलिखित

योग्यताएँ आ जाती हैं।

i) धैर्यपूर्वक सुनना, सुनने के शिष्टाचार का पालन करना।

ii) ग्रहणशीलता की मन:स्थिति बनाये रखना। शब्दों, मुहावरों, उक्तियों का प्रसंगानुकूल भाव का अर्थ समझना।

iii) स्वराघात, बलाघात और स्वर के उतार-चढ़ाव के अनुसार ग्रहण करना।

iv) भावानुभूति कर सकना, भावाभिव्यक्ति के ढंग को समझना।

v) भावों, विचारों और तथ्यों का मूल्यांकन करना।

vi) वक्ता के मनोभावों को समझना।

vii) भाषा एवं साहित्य के प्रति रुचि निर्माण करना।

श्रवण-कौशल की विधियाँ :

श्रवण अर्थात् सुनने की क्रिया ही भाषा सीखने की प्रथम सीढ़ी है। छात्र कहानी, कविता, भाषण, वार्तालाप आदि का ज्ञान सुनकर प्राप्त करता है। मौखिक भाषा सुनकर उसके अर्थ एवं भाव समझने की क्रिया में निपुण होना ही श्रवण कौशल का विकास है। इसके लिए हमेशा प्रयास की जरूरत होती है। वास्तव में श्रवण कौशल भाषा सीखने का प्रमुख एवं महत्त्वपूर्ण अंग है। इसके आधार पर ही अन्य कौशलों का विकास किया जा सकता है। इस प्रकार स्पष्ट रूप से कहा जा सकता है कि सुनने के अभ्यास को ही श्रवण कौशल कहा जाता है। यह श्रवण शिक्षण किस प्रकार होना चाहिए, यह अत्यन्त महत्त्वपूर्ण विषय है।

(1) सस्वर वाचन : छात्र शिक्षक द्वारा किये गये और कक्षा में किसी अन्य छात्र द्वारा किये जाने वाले अनुकरण वाचन को ध्यानपूर्वक सुनकर शुद्ध उच्चारण, यति, गति, आरोह-अवरोह आदि का ज्ञान प्राप्त करता है।

(2) प्रश्नोत्तर : कक्षा-शिक्षण के उपरान्त शिक्षक पठित सामग्री को आधार बनाकर छात्रों से प्रश्न पूछता है। छात्रों के उत्तर से इस तथ्य का मूल्यांकन हो जाता है कि छात्रों ने सुनकर विषय-वस्तु को ग्रहण किया है या नहीं। पठित सामग्री के आधार पर प्रश्न पूछने से विद्यार्थी सावधान भी हो जायेंगे और कक्षा में पढ़ाई गयी बातों को ध्यानपूर्वक सुनेंगे।

(3) कहानी कहना और सुनना : शिक्षक छात्रों को कहानी सुनाये और बाद में उसी कहानी को बच्चों से सुनें। इससे पता चल जायेगा कि विद्यार्थियों ने कहानी सुनी या नहीं। कहानी से बच्चों का ध्यान सुनने की तरफ आकर्षित किया जा सकता है।

(4) श्रुतलेख : श्रुतलेख लेखन कौशल को विकसित करने का साधन है, साथ ही इससे श्रवण कौशल को भी विकसित किया जा सकता है। श्रुतलेख सुनकर लिखना होता है, जो छात्र ध्यान से सुनेगा, वह पूरी सामग्री लिख लेगा, जो छात्र ध्यान से नहीं सुनेगा, उसके लेख के बीच-बीच में शब्द या वाक्यांश छूट जायेंगे।

(5) भाषण : भाषण श्रवण कौशल का प्रशिक्षण देने में भी प्रयुक्त किया जाता है, वैसे तो यह मौखिक कौशल विकसित करने का साधन है। विद्यार्थियों को पहले यह बता दिया जाता है कि भाषण ध्यान से सुनें। भाषण समाप्ति के उपरान्त उनसे प्रश्न पूछे जायेंगे। प्रश्नों के उत्तर से यह पता लग जाता है कि विद्यार्थियों ने भाषण ध्यान से सुना है अथवा नहीं।

(6) **वाद-विवाद :** श्रवण कौशल का प्रशिक्षण देने के लिए वाद-विवाद स्पर्धा भी एक महत्त्वपूर्ण प्रक्रिया है। वाद-विवाद में छात्र को हर बात ध्यानपूर्वक सुननी होती है, क्योंकि बिना सुने वह दूसरे पक्ष की बात का उत्तर नहीं दे पायेगा और न ही तर्क की प्रस्तुति करेगा। शिक्षक को सभी विद्यार्थियों से प्रश्न पूछकर यह जाँच लेना चाहिए कि वे वाद-विवाद के तर्कों को ध्यानपूर्वक सुन रहे थे या नहीं।

(7) दृश्य-श्रव्य सहायक सामग्री का प्रयोग : श्रवण कौशल विकसित करने के लिए तथा उच्चारण सम्बन्धी दोषों को दूर करने के लिए ग्रामोफोन एवं टेपरिकॉर्डर, रेडियो, चलचित्र, दूरदर्शन, वीडियो आदि की सहायता ली जाती है। इन साधनों के प्रयोग से विद्यार्थियों के श्रवण कौशल को विकसित किया जा सकता है

i) ग्रामोफोन एवं टेपरिकॉर्डर : ग्रामोफोन एवं टेपरिकॉर्डर मुख्यतः मनोरंजन के रूप में प्रयुक्त होते हैं, लेकिन श्रवण-कौशल विकसित करने के लिए टेपरिकॉर्डर का प्रयोग रोचक साधन के रूप में किया जा सकता है। कविता, कहानी, महान पुरुषों के भाषण, वार्ता आदि सुनाकर बच्चों में श्रवण कौशल विकास किया जा सकता है। टेपरिकॉर्डर से विद्यार्थियों को जब चाहे सुनाया जा सकता है। तत्पश्चात विद्यार्थियों से प्रश्न आमन्त्रित कर उनके श्रवण कौशल की भी जाँच की जा सकती हैं।

ii) रेडियो : रेडियो से आकाशवाणी से छात्रों के लिए तरह-तरह के उपयोगी शैक्षिक एवं मनोरंजक कार्यक्रम समय-समय पर प्रसारित किये जाते हैं। श्रवण कौशल को विकसित करने में रेडियो भी एक महत्त्वपूर्ण साधन है।

iii) चलचित्र : चलचित्र में आवाज़ सुनाई देने के साथ-साथ दृश्य भी दिखाई देते हैं। विद्यार्थी हर दृश्य को बहुत ध्यान से देखते हैं। अतः शैक्षिक चलचित्रों का प्रयोग भी कारगर साबित हो सकता है।

iv) दूरदर्शन : चलचित्र तो सिनेमा हॉल में जाकर ही देखा जा सकता है। लेकिन दूरदर्शन अब हर घर में पहुँच चुका है। घर में, बैठे हुए हम बोलने वाले की आवाज़ तो सुनते ही है, साथ में उसकी आकृति देखते हैं। श्रवण कौशल विकसित करनें में दूरदर्शन का उपयोग भी कारगर साबित हो सकता है।

v) वीडियो : जैसे किसी भी वार्ता को टेप किया जाता है और बाद में सुना जाता है, उसी तरह किसी कार्यक्रम को रिकॉर्ड कर वीडियो को दूरदर्शन पर दिखाया जा सकता है। प्रतिष्ठित व्यक्तियों-विद्वानों के भाषण, वार्ता एवं विभिन्न शैक्षिक कार्यक्रमों के कैसेट लाकर दिखाये जा सकते हैं, उससे श्रवण कौशल के साथ ही मौखिक अभिव्यक्ति कौशल विकसित करने में सहायता मिलती है।

(8) कम्प्यूटर : आधुनिक युग विज्ञान का युग है। प्रौद्योगिकी ने हमारे जीवन में क्रान्ति ला दी है। कम्प्यूटर से भी विद्यार्थी के श्रवण कौशल को विकसित किया जा सकता है। प्रतिष्ठित व्यक्तियों के भाषण, वार्ता आदि की सीडी और अन्य शैक्षिक कार्यक्रम भी कम्प्यूटर में दिखाये जा सकते हैं।

अत: इन उपरोक्त साधनों का प्रयोग कर हम विद्यार्थियों के श्रवण कौशल विकसित करने में सफलता प्राप्त कर सकते हैं।

सारांश :

भाषायी कौशल में श्रवण कौशल का स्थान नि:सन्देह महत्त्वपूर्ण है, क्योंकि बच्चा जन्मोपरान्त सुनने के पश्चात ही बोलना प्रारम्भ करता है, अत: इसी प्रकार स्कूल में, जीवन के अन्य क्षेत्रों में वह सुनकर अधिक ग्रहण करता है। सुनने के पश्चात ही वह अन्य क्रियाएँ यानी बोलना, पढ़ना या लिखना क्रमश: करता है। देवनागरी लिपि में तो जैसा बोला जाता है, वैसा ही लिखा जाता है। अत: विद्यार्थी (बच्चे का श्रवण कौशल विकसित होने के पश्चात ही मौखिक अभिव्यकि और लेखन अभिव्यक्ति में सक्षम होगा।

2.2 भाषण कौशल (मैखिक अभिव्यक्ति)

प्रस्ताविक : मानव प्रधानत: अपनी अनुभूतियों तथा मनोवेगों की अभिव्यक्ति उच्चरित अथवा मौखिक भाषा में ही करता है। लिखित भाषा तो गौण तथा उसकी प्रतिनिधि मात्र है, क्योंकि भावों की अभिव्यक्ति का साधन साधारणत: उच्चरित भाषा ही होती है। भावों के आदान-प्रदान का एक साधन है–भाव या वाणी। प्रारम्भ में बालक अपने विचार बातचीत के माध्यम से ही दूसरों के समक्ष प्रस्तुत करता है।

बोलने के अनुसार–सम्भाषण की कला में प्रवीण व्यक्ति ही तत्पर बुद्धि वाला बन सकता है। मौखिक अभिव्यक्ति का अर्थ बोलना होता है। इसे भाषण भी कहा जाता है। जब बालक मौखिक रूप में अपनी बात कहने में समर्थ हो जाता है, तब उसे मौखिक अभिव्यक्ति में कुशल माना जाता है। मौखिक अर्थात् मुख से निकला हुआ।

आधुनिक जनतान्त्रिक युग में जीवन की सफलता के लिए मौखिक भाव-प्रकाशन या वाणी उतना ही आवश्यक और अनिवार्य है जितना स्वयं हमारा जीवन। जीवन के प्रत्येक क्षेत्र में व्यक्ति को प्रतिपल मौखिक आत्माभिव्यक्ति की शरण लेनी पड़ती है!

मौखिक अभिव्यक्ति का अर्थ :

मनुष्य सामाजिक प्राणी है, एकान्तवासी साधु नहीं। अत: उसे प्रतिक्षण प्रत्येक पग पर समाज में अपनी स्थिति बनाये रखने के लिए सभी प्रकार के मनुष्यों से व्यवहार करना पड़ता है। अपनी जीविकोपार्जन तथा उसके साधनों की उपलब्धि के लिए विभिन्न क्रिया-प्रतिक्रियाओं के लिए वाणी की सहायता लेनी पड़ती है। इसके साथ ही प्राणीजगत् की यह प्रवृत्ति है कि वह अपने भावों अन्तर्द्वन्द्वों तथा उद्वेगों को दूसरों पर प्रकट करना चाहता तथा दूसरों की प्रकृति, आदतों, विचारों को जानने का इच्छुक रहता है। सम्प्रेषण के माध्यम के रूप में मौखिक ढंग से भाषा का व्यवहार मानव की अपनी विशेषता है।

किसी विषय पर मौखिक रूप से प्रस्तुति को मौखिक अभिव्यक्ति या भाषण अभिव्यक्ति कहा जाता है। डॉ. उमा मंगल ने मौखिक अभिव्यक्ति को स्पष्ट करते हुए कहा है, "जब व्यक्ति ध्वनियों के माध्यम से मुख के अवयवों की सहायता से उच्चरित भाषा का प्रयोग करते हुए अपने विचारों को प्रकट करता है, तब उसे मौखिक अभिव्यक्ति कहा जाता है।" भाषा का सांकेतिक रूप कब बदलकर अभिव्यक्ति का रूप ले लिया, यह कहना कठिन है। परन्तु इतना अवश्य सत्य है कि श्रवण-कौशलों ने मानव को सामाजिक होने एवं साथ रहने का पाठ अवश्य पढ़ाया, जिससे मानव को अपने विचार को एक-दूसरे के साथ लौटने का अवसर मिला। इसकी इस प्रक्रिया के परिणामस्वरूप भाषण-कौशल का जन्म हुआ। यह प्रकृति का अटल नियम है कि हर क्रिया की प्रतिक्रिया होती है जिसके फलस्वरूप श्रवण और भाषण के कौशलों का सम्बन्ध व्यक्ति के जन्म से सम्बन्धित है, जो उसे माँ के दूध के साथ ही प्राप्त होता है।

भाषाओं के कथनानुसार श्रवण एवं भाषण कौशल एक सिक्के के दो पहलू मात्र है। दोनों एक-दूसरे के पूरक हैं। श्रवण-शक्ति जितनी तेज होगी, भाषा भी उतनी ही कारगर होगी। भाषा के इन्हीं दो रूपों से ही मानव समाज का निर्माण होता है, जहाँ पर हर व्यक्ति अपने विचारों को आदान-प्रदान करता है। मानव के भावों के इस आदान-प्रदान के फलस्वरूप भाषा का जन्म हुआ है। भाषा जन्म से उन्हीं दोनों कौशलों का योगदान है। भाषा का यह रूप व्यावहारिक भाषा से हटकर है। पठन एवं लेखन की प्रक्रिया का इन दोनों रूपों पर अधिक प्रभाव नहीं रहता।

भाषण कौशल का महत्त्व :

शिक्षा के सभी क्षेत्रों के साथ-साथ मौखिक अभिव्यक्ति अन्य सामान्य क्षेत्रों के अन्तर्गत भी अत्यन्त महत्त्वपूर्ण मानी गयी है। प्रारम्भिक कक्षाओं में विद्यार्थियों की ओर अधिक ध्यान देना आवश्यक होता है। वे अनेक पारिवारिक संस्कारों से आते हैं। आर्थिक, धार्मिक, सामाजिक, बौद्धिक दृष्टि से बालकों की पारिवारिक और मानसिक स्थिति अलग-अलग होती है। बहुत से विद्यार्थियों को अपने माता-पिता की बोलियाँ ही अच्छी लगती हैं। उसी बोली में छात्र बोलता है। स्कूल और महाविद्यालयीन हिन्दी का व्यवहार उनसे कुछ अलग होता है। अत: लगता है कि पठन अथवा लेखन से पूर्व छात्रों का शब्द भण्डार, वाक्य-विन्यास, उच्चारण आदि भाषण द्वारा शिक्षण कुछ समान हो जाये तो मानक हिन्दी शिक्षण में सुगमता आ जायेगी। इससे छात्रों की वाणी में स्पष्टता, मधुरता, प्रभावोत्पादकता, व्यावहारिकता आदि गुणों का विकास कर उन्हें सक्षम बना सकते हैं।

मौखिक (भाषण) अभिव्यक्ति के दो सोपान माने गये हैं–

(1) उच्चारण : उच्चारण माने बाह्य भाषा की ध्वनियों का शुद्ध एवं स्पष्ट उच्चारण करना। विद्यार्थियों ने अपनी लक्ष्य-भाषा की ध्वनि व्यवस्था के अनुरूप शब्दों का उच्चारण करना चाहिए। ध्वनि संयोगों के उच्चारण में ध्वनियों का स्पष्ट उच्चारण करना सीखें। उच्चारण में अनुस्वार, बलाघात आदि के प्रयोग भी स्पष्टता से करें मातृभाषा में अनुकरण तथा सहज प्रयोग द्वारा शुद्ध उच्चारण की लत विकसित हो सकती है, किन्तु अन्य भाषा सीखने और सिखाने की प्रक्रिया में यह अत्यन्त कठिन हो जाता है। इसे खुद प्रयास से ही विकसित किया जा सकता है। उच्चारण समस्या, शब्द तथा वाक्य तीनों ही स्तरों पर होती है। ध्वनि स्तर पर उच्चारण स्थान और उच्चारण प्रयत्न के ज्ञान की कमी से शुद्ध व्याकरण सम्मत वाक्यों का प्रयोग करना। उच्चारण नहीं हो पाता। शब्द स्तर पर ध्वनि संयोगों के गलत उच्चारण,

बलाघात की वजह से गलतियाँ होती हैं। डॉ. किशोरीलाल शर्मा इसे निम्न प्रकार से समझाने का प्रयास किया है।

भाषा के उच्चारण का सबसे अच्छा स्तर प्राथमिक स्तर होता है। प्राथमिक स्तर से ही छात्रों को समुचित शिक्षण देकर शुद्ध उच्चारण की आदत डालना आवश्यक होता है। छात्रों की कक्षाओं के अनुसार उच्चारण व्यवस्था में परिवर्तन होना भी आवश्यक होता है।

पूर्वाजित अशुद्ध उच्चारण का निराकरण कर शुद्ध उच्चारण की आदत डालना। नये शब्दों के उच्चारण का ज्ञान और उनके प्रयोग का अभ्यास उम्र और कक्षाओं के अनुरूप अलग-अलग स्तर पर समय दे पाना कठिन होकर भी समय देना उचित हो सकता है।

उच्चारण शिक्षण में ध्वनि शिक्षण, बलाघात, विवृत्ति और अनुतान का शिक्षण कराया जाना चाहिए। ध्वनि-शिक्षण के अन्तर्गत ध्वनियों तथा ध्वनि संयोगों का उच्चारण कराया जाये। ध्वनियों के शुद्ध उच्चारण शिक्षण के लिए अनुकरण-अभ्यास, सुनो और कहो अभ्यास, मौखिक पठन, गीतों द्वारा अभ्यास आदि कराये जा सके हैं।

(2) उपयुक्त बलाघात : मौखिक अभिव्यक्ति शिक्षण का अर्थ है विद्यार्थी को लक्ष्य भाषा के माध्यम से अपने भावों-विचारों को सन्दर्भानुसार, धाराप्रवाह तथा प्रभावी ढंग से व्यक्त करना। प्रसंगानुरूप शब्दों का चयन और उनके प्रयोगों की कुशलता का विकास इस शिक्षण की प्रारम्भिक आवश्यकता है। साथ-ही-साथ लक्ष्य भाषा की व्याकरणिक संरचना के अनुरूप शब्दों को विशेष क्रम में संयोजित करने की क्षमता को विकसित करना। शिक्षण के सन्दर्भ में मौखिक अ भिव्यतक्ति को तीन घटकों में बाँटा जा सकता है। शाब्दिक, आर्थी और व्याकरणिक संरचना। शाब्दिक संरचना के अन्तर्गत विद्यार्थी के शब्द भण्डार का विकास किया जाता है। यह मुख्यत: दो प्रकार के होते हैं–कोशिश शब्द और व्याकरणिक शब्द कोशिश शब्दों का सम्बन्ध बाह्य जगत् तथा मानवीय मनोभावों और विचारों से है। व्याकरणिक शब्दों मुख्य तथा सहायक क्रियाएँ, पूर्व प्रत्यय तथा पर प्रत्यय, संयोजक, प्रश्नसूचक शब्द आदि आता है।

मौखिक अभिव्यक्ति में छात्रों के शब्द भंडार के साथ-साथ उन शब्दों के अर्थों से भी परिचित करना आवश्यक है। कभी-कभी मातृभाषा और अन्य भाषा में प्राप्त समान अर्थ की दृष्टि से पूर्णत: समान नहीं होते। इन शब्दों की सूची बनाकर

इनका अभ्यास करना चाहिए। मौखिक अभिव्यक्ति केवल शब्द संरचना और अर्थ संरचना के संयोजन से नहीं बनता, बल्कि व्याकरणिक संरचना के अनुरूप शब्दों को वाक्यों में विशेष क्रम से संयोजित करते हुए विचारों एवं भावों की अभिव्यक्ति करना सिखाया जाता है।

मौखिक (भाषण) अभिव्यक्ति की कौशल प्रविधि प्रारम्भिक स्तर पर छात्रों में भावाभिव्यक्ति की शक्ति शब्दावली, अर्थबोध की क्षमता अपेक्षाकृत कम होती है। तब छात्रों के अति परिचित विषयों से सम्बन्धित प्रकरणों पर प्रश्नोत्तर एवं बातचीत द्वारा मौखिक अभिव्यक्ति की ओर विद्यार्थियों को प्रवृत्त किया जा सकता है। इस स्तर पर वाक्य गठन एवं संक्षिप्त वर्णन, सस्वर वाचन, अन्त्याक्षरी वार्तालाप आदि की सहायता से विद्यार्थियों में भाषण विकास सफलतापूर्वक किया जा सकता है।

मौखिक अभिव्यक्ति के विकास की क्रियाएँ :

यहाँ हम जानने का प्रयत्न करेंगे कि विभिन्न शैक्षिक स्तर पर शिक्षार्थी की मौखिक-अभिव्यक्ति को किस प्रकार विकसित किया जा सकता है।

अनौपचारिक बातचीत :

कक्षा में तथा कक्षा के बाहर भाषा शिक्षक तथा शिक्षार्थियों के बीच अनौपचारिक, लेकिन रोचक बातचीत से छोटे बच्चों की झिझक दूर हो जाती है तथा उनमें आत्मविश्वास उत्पन्न हो जाता है। उनके शब्द भण्डार में वृद्धि होने के साथ-साथ उनके वाक्य-विन्यास में भी सुधार हो जाता है। ऐसी अनौपचारिक बातचीत आगे चलकर संवाद कथोपकथन एवं समूह-विचार-विमर्श आदि में भाग लेने के लिए शिक्षार्थियों को अप्रत्यक्ष रूप में उत्प्रेरित करती है।

(1) कहानी कथन : कहानी कथन के माध्यम से शिक्षार्थियों भाषा शिक्षक प्राथमिक स्तर पर छोटे बच्चों की कक्षा में कहानी एवं घटनाओं के रोचक विवरण प्रस्तुत कर सकता है तथा बच्चों को भी उत्प्रेरित कर सकता है कि ऐसी ही रोचक कहानियाँ वे स्वयं भी सुनाएँ। इस शिक्षोपयोगी, विनोदप्रिय, साहसिक एवं बाल-जीवन से सम्बन्धित कहानियाँ सुनाना उपयोगी रहेगा। माध्यमिक-स्तर पर कहानी कहना और कहलाना मौखिक अभिव्यक्ति का प्रमुख साधन है। पर ये कहानियाँ सरल, संक्षिप्त और मनोरंजक हों। कहानी 15-20 मिनट की हो तो वह रुचिपूर्ण लगती हो।

(2) घटना : भाषा शिक्षक के रूप में अपने यह अनुभव किया होगा कि छोटे बच्चों को स्वयं द्वारा देखी या सुनी हुई बातों या घटनाओं का अपने शब्दों

में सुनाने में बहुत आनन्द आता है। उनकी मौखिक अभिव्यक्ति के विकासार्थ माध्यमिक कक्षाओं में शिक्षार्थियों को किसी देखी हुई घटना, दृश्य, खेल-तमाशे आदि पर सुसम्बद्ध ढंग से वर्णन करने के लिए प्रोत्साहित किया जा सकता है। 'मैंने क्या देखा', 'आप बीती', 'मेरा अनुभव' आदि विषयों का विद्यार्थी बड़े चाव से वर्णन करेंगे।

(3) वार्तालाप : पाठ्य विषय को पढ़ाते हुए या अन्य समय पर छात्र के साथ अध्यापक का वार्तालाप मौखिक अभिव्यक्ति कौशल को विकसित करने में सहायक होता है। प्रत्येक छात्र को वार्तालाप में भाग लेने के लिए प्रोत्साहित करना आवश्यक होता है। वार्तालाप का विषय छात्रों के ज्ञान तथा अनुभव की सीमा का हो।

(4) पठन एवं कविता पाठ : छात्रों में पठन एवं कविता पाठ एक मौखिक अभिव्यक्ति का प्रधान अंग है। सस्वर पठन में उच्चारण की शुद्धता, ध्वनि का आरोह-अवरोह, गति, विराम, प्रवाह आदि का अभ्यास होता है। जो मौखिक अभिव्यक्ति के लिए आवश्यक है। स्कूल के छात्रों में अनेक कविताएँ कण्ठस्थ होते हम देखते हैं!

(5) भाषण : भाषण मौखिक अभिव्यक्ति को विकसित करने का एक अत्यन्त उपयुक्त साधन है। शिक्षार्थियों को अपनी रुचि एवं ज्ञान के आधार पर उपयुक्त शीर्षक देकर भाषण करने के अवसर प्रदान किये जा सकते हैं। भाषण देने की कला के समुचित विकास के लिए उन्हें प्रमुख विचारों को यथाक्रम सँजोने की विधि, श्रोताओं के अनुसार विषय सामग्री, उचित हाव-भाव प्रदर्शन वाणी में आवश्यकतानुरूप उतार-चढ़ाव उपलब्ध समय का उचित ध्यान रखने जैसी भाषण-कला सम्बन्धी अपेक्षाओं से अवगत कराना चाहिए। क्योंकि भाषण कला में निर्भीकता आत्मविश्वास विषय का ज्ञान, उपस्थित श्रोताओं को उचित रीति से सम्बोधन, हाव-भाव आदि। उम्र के अनुरूप बदलना उचि होता है।

(6) वाद-विवाद प्रतियोगिता : इसमें छात्र पूर्व निर्धारित विषयों पर विचारों का आदान-प्रदान करते हैं। यह विधि उच्च कक्षाओं के लिए अपनायी जाती है। इसमें प्रतिपक्षी वक्ता या वक्ताओं द्वारा प्रस्तुत तर्कों के खण्डन लिए उसे तत्काल उचित तर्क सोचना, उचित भाषा का प्रयोग करना पड़ता है। छात्रों में यह क्षमता विकसित की जानी चाहिए। मौखिक अभिव्यक्ति विकसित करते समय शिक्षार्थियों में तर्कशक्ति, प्रत्युत्पन्न-मति, हाजिर जवाबी, हास्य-व्यंग्ययुक्त तथा अपने विचारों को प्रभावी ढंग से संक्षिप्त रूप में प्रस्तुत करने जैसे गुणों का विकास होता है। यहाँ हमें विद्यार्थियों को सिखाना होगा कि वे कैसे प्रतिपक्षियों के प्रस्तुत तर्कों का पूर्व अनुमान कर उनकी काट करने के लिए अपना उत्तर तैयार कर सकते हैं तथा कैसे

प्रतिपक्षियों के तर्कों का तुरन्त उत्तर देने में प्रत्युत्पन्नमति का प्रयोग कर सकते हैं।

(7) आशु भाषण : मौखिक आत्म-प्रकाशन की क्षमता को सशक्त करने के लिए आशु भाषण एक सशक्त माध्यम है। इसके द्वारा छात्रों की भाषण के दौरान तुरन्त तर्क करने की योग्यता विकसित की जा सकती है। इसके लिए कक्षा के स्तर के अनुसार कुछ विषय पहले से घोषित किये जा सकते हैं। उच्च माध्यमिक स्तर पर इसे प्रतियोगिता के रूप में आयोजित किया जा सकता है।

(8) परिसंवाद तथा विचार-विमर्श : हम कक्षाओं में परिसंवाद आयोजित कर विद्यार्थियों की मौखिक अभिव्यक्ति का विकास कर सकते हैं। भाषा शिक्षक द्वारा विचार-विमर्श के विषय पहले से ही सुनिश्चित कर लिये जाते हैं। कक्षा के विभिन्न पक्षों के आधार पर अलग-अलग समूहों में विभक्त कर प्रत्येक समूह को विषय का कोई एक पक्ष देकर विचार-विमर्श करने के लिए उत्प्रेरित किया जाता है। लघु समूह के कारण शिक्षार्थी अपने अन्य साथियों की शंकाओं का उत्तर तथा अपनी जिज्ञासा के समाधान के लिए अपने साथियों से प्रश्न भी पूछ सकते हैं। आजकल आकाशवाणी एवं दूरदर्शन में कार्यक्रमों में सामाजिक एवं राष्ट्रीय समस्याओं पर परिसंवाद/चर्चाएँ आयोजित की जाती हैं। उन्हें सुनने के लिए शिक्षार्थियों को प्रोत्साहित करना चाहिए।

(9) बालसभा एवं छात्र-संवाद : भाषण अभिव्यक्ति विकसित करने के लिए यह एक प्रभावी कार्यक्रम है। उसके माध्यम से शिक्षार्थियों को जनतान्त्रिक प्रणाली से कार्य सम्पन्न करने की शिक्षा प्रदान की जा सकती है। बालसभा एवं छात्र संसद में सक्रिय भाग लेने के लिए प्रभावपूर्ण मौखिक अभिव्यक्ति अपेक्षित होती है, विशेषत: सभा आयोजन के लिए सभापति पद के लिए प्रस्ताव रखना, अनुमोदन करना, सभापति, श्रोताओं को सम्बोधित करना आदि। इससे बालक-बालिकाएँ केवल कुशल वक्ता या श्रोता ही नहीं बनते वरन उनमें स्वस्थ संसदीय प्रवृत्ति का विकास भी होता है।

(10) अभिनय : भाषण अभिव्यक्ति कौशल विकास के लिए छात्रों में भावानुकूल वाणी, उचित हाव-भाव, आंगिक अभिनय एवं वाणी में प्रभावोत्पादकता उत्पन्न करने के लिए कक्षा या अन्य स्तर पर 'रंगमंचीय अभिनय' का आयोजन किया जा सकता है। कुछ छात्रों में तो अभिनय कौशल की विशेष प्रतिभा होती है। इससे वे शुद्ध उच्चारण करने, भाव एवं विचारानुसार हाव-भाव प्रकट करने तथा दर्शकों को भाव-मुग्ध करने में सफल हो जाते हैं। भाषा-शिक्षक के रूप में हम उपलब्ध कहानियों एवं अभिनय पाठों पर लघु 'रंगमंचीय अभिनय' आयोजित

कर सकते हैं? तथा भावपूर्ण कथोपकथन द्वारा बालकों को भाषा पर स्वत: ही अधिकार प्राप्त करने में सफल हो सकते हैं। कभी-कभी हम किसी सामाजिक, धार्मिक एवं सांस्कृतिक समस्या पर भावपूर्ण कथोपकथन लिखकर छात्रों द्वारा उनका अभिनयात्मक रूप में प्रस्तुतीकरण भी करा सकते हैं। इसके लिए रंगमंचीय साज-सज्जा की आवश्यकता भी नहीं पड़ेगी।

(11) काव्य-पाठ : छात्र कविता कण्ठस्थ करने और उसे सुनाने में गर्व एवं प्रसन्नता का अनुभव करते हैं। वे कण्ठस्थ की गयी कविता सुनाते समय हाव-भाव का प्रदर्शन भी करते हैं। उचित हाव-भाव के साथ कविताएँ सुनाने की यह प्रवृत्ति उनकी मौखिक अभिव्यक्ति विकसित करने का सबल माध्यम हो सकती है। अत: अच्छा होगा कि गीत, वर्णनात्मक गीत, प्रणय गीत, अभिनय गीत आदि का चयन कर शिक्षार्थियों को व्यक्तिगत एवं सामूहिक रूप से कविता-पाठ करने के अवसर प्रदान किये जायें।

(12) इलेक्ट्रॉनिक साधनों पर बोलने का अभ्यास : शिक्षा के प्रभावी माध्यम के रूप में श्रव्य, दृश्य साधनों का चलन दिन-ब-दिन बढ़ता जा रहा है। आज दूरवर्ती शिक्षा ज्ञानार्जन हेतु प्रभावी विकल्प के रूप में उभर कर आयी है। छात्रों को मौखिक अभिव्यक्ति के सबल विकास के लिए टेपरिकॉर्डर, मोबाइल पर यूट्यूब, काइन मास्टर जैसे अभासी माध्यमों पर प्रभावी ढंग से बोलने के लिए उत्प्रेरित करें। जिससे विद्यार्थी बिना हिचकिचाहट के सन्तुलित भाषा तथा छोटे-छोटे वाक्यों में अपने विचारों को प्रस्तुत कर सकें। इसके लिए समय-समय पर शिक्षार्थियों संयन्त्र को ध्वनि विस्तारक यन्त्रों के माध्यम से प्रार्थना सभा एवं बाल संसद में अपने विचार एवं भाव प्रकट करने के अवसर दिये जाये। उनके कविता, पाठों के भाषणों, परिसंवादों को टेप कर उन्हें पुन: सुनने के लिए भी प्रर्याप्त अवसर दिया जाना जरूरी होता है। इससे उनकी मौखिक अभिव्यक्ति कौशल का मौलिक रूप से विकास किया जा सकता है।

भाषण (मौखिक) कौशल की विशेषताएँ

भाषण कौशल के समुचित विकास के लिए हमें अभिव्यक्ति कौशल की उन विशेषताओं का ज्ञान होना चाहिए जो मौखिक अभिव्यक्ति को प्रभावी बनाती है। अभिव्यक्ति की कौशल कुछ प्रमुख विशेषताएँ—

(1) शुद्धता : उच्चारण की शुद्धता मौखिक अभिव्यक्ति का प्रमुख गुण है। शिक्षार्थी के सामाजिक परिवेश की भिन्नता उनके उच्चारण पर प्रभाव डालती है,

जिसके कारण उनका मानक उच्चारण से भिन्न हो जाता है। उदाहरणतः स्थानीय बोलियों के प्रभाव के कारण ही 'स्कूल' को 'इस्कूल', स्टेशन को 'सटेशन' भाषा को 'भासा' के रूप में उच्चारित किया जाता है। अतः भाषा शिक्षक के रूप में हमें चाहिए कि हम शिक्षार्थियों के शुद्ध एवं मानक उच्चारण के प्रति प्रयत्नशील हों।

(2) स्वाभाविकता एवं स्पष्टता : भाषण कौशल का दूसरा प्रमुख गुण है इसकी स्वाभाविकता एवं स्पष्टता अर्थात् बालक की बोलचाल एवं अभिव्यक्ति में बनावटीपन न दिखाई दे और उसमें अस्पष्टता न हो। मौखिक अभिव्यक्ति की सार्थकता, उसकी सहजता, स्वाभाविकता एवं स्पष्टता में है। यदि अभिव्यक्ति में ये गुण नहीं होंगे तो हम अपनी बात भली प्रकार सम्प्रेषित नहीं कर पायेंगे।

(3) विचार क्रमबद्धता : अपने विचारों-भावों को भली प्रकार दूसरों तक पहुँचाने के लिए भावों एवं विचारों में क्रमबद्धता होनी चाहिए। विचारों की अव्यवस्थित अभिव्यक्ति के कारण प्रस्तुति का सूत्र भी बिखर जाता है और प्रभाव भी कम पड़ता है। अतः आवश्यक है कि हम मौखिक अभिव्यक्ति में विचारों की कमबद्ध प्रस्तुति के लिए बालकों को पर्याप्त रूप से प्रशिक्षित करें।

(4) सशक्तता : अभिव्यक्ति कौशल का एक महत्त्वपूर्ण गुण है सशक्तता। सशक्त अभिव्यक्ति का श्रोताओं पर गहरा प्रभाव पड़ता है। सशक्तता के अभाव में कथन का अपेक्षित प्रभाव नहीं पड़ता और उसकी सम्प्रेषणता में भी कमी आ जाती है।

(5) प्रवाह : किसी विचार या भाव को अटक-अटक या रुक-रुककर प्रस्तुत करने से सन्देश संवाद-विहीन हो जाता है और श्रोता वक्ता की बात को समझ नहीं पाते हैं। अतः अभिव्यक्ति में भाषा तथा भावों का प्रवाह अपेक्षित है। प्रवाह से सारा कथ्य एक इकाई के रूप में संघटिता हो जाता है, जिससे श्रोता उसे, सरलता से ग्रहण कर लेता है।

(6) अवसरानुकूलता : वाणी का प्रयोग विभिन्न अवसरों के अनुकूल ही करना चाहिए। अवसरानुकूल प्रकरण का चुनाव किया जाये। औपचारिक-अनौपचारिक, हर्ष-शोक, आदेश-अनुरोध आदि अवसरों पर अभिव्यक्ति का रूप अलग-अलग होता है। अवसरानुकूल भाषा सामाजिक व्यवहार की एक अत्यावश्यक अपेक्षा है। शिक्षार्थियों को श्रोताओं की आयु सामाजिक स्तर, स्थिति के रूप आदि को ध्यान में रखकर ही मौखिक अभिव्यक्ति के प्रति सचेत करना चाहिए।

(7) प्रभावोत्पादकता : मौखिक अभिव्यक्ति का प्रमुख उद्‌देश्य है, वक्ता द्वारा बोला या श्रोताओं तक अपने सन्देश या सूचनाओं को प्रभावी ढंग से पहुँचाना

या सम्प्रेषित करना। इस प्रभाव को उत्पन्न करने के लिए शुद्धता, अवसरानुकूलता, गतिशीलता, क्रमिकता आदि सभी का योगदान होता है। अतः प्रभावोत्पादकता एक ऐसा गुण है, जिसमें मौखिक अभिव्यक्ति से सम्बन्धित सभी गुण विद्यमान रहते हैं।

(8) सर्वमान्य भाषा : मौखिक भाव-प्रकाशन में सर्वमान्य भाषा का प्रयोग करना चाहिए। अप्रचलित शब्दों के प्रयोग से वार्तालाप नीरस हो जाता है।

(9) मधुरता : मौखिक भाव प्रकाशन का अन्य गुण है मधुरता। कहा भी गया है–'कोयल काको देत है, कागा काको लेत, वाणी के कारणेन मन सबको हर लेत। मीठी वाणी का प्रयोग कर मनुष्य किसी (दुश्मन) को भी अपना बना सकता है।

(10) श्रोताओं के अनुकूल भाषा : मौखिक अभिव्यक्ति की अन्य महत्त्वपूर्ण विशेषता यह है कि सुनने वाले कौन हैं, किस स्तर के हैं, के अनुकूल ही भाषा का प्रयोग करना चाहिए।

मौखिक अभिव्यक्ति सम्बन्धी त्रुटियाँ एवं उनका निराकरण

छात्रों के भाषण अभिव्यक्ति के सम्यक विकास के लिए यह आवश्यक है कि हमें शिक्षार्थियों की मौखिक अभिव्यक्ति सम्बन्धी त्रुटियाँ और उनके कारणों की जानकारी हो, ताकि उनके निवारण के लिए हम उपचारात्मक कार्यक्रम आयोजित कर सकें। ऊपर वर्णित अभिव्यक्ति की विशेषताओं का अभाव ही वस्तुतः त्रुटि है।

मौखिक अभिव्यक्ति सम्बन्धी वार्तालाप, भाषण एवं विचार-विमर्श में स्पष्टता, सरलता एवं प्रभावोत्पादकता जैसे गुणों का अभाव मौखिक अभिव्यक्ति को दोषपूर्ण बनाता है। इस आधार पर अभिव्यक्ति में मुख्यतः निम्न दोष पाये जाते हैं।

(1) अधिक या न्यून गति—किसी वाक्य या वाक्य खण्ड को अधिक गति अर्थात् शीघ्रता या न्यून गति अर्थात् धीरे-धीरे बोलना।

(2) प्रवाह एवं ओजस्विता की कमी— कभी-कभी वीर रसयुक्त काव्य पाठ सम्बन्धी मौखिक अभिव्यक्ति प्रवाह एवं ओजस्विता विहीन बन जाया करती है। वक्ता के स्वर में अपेक्षित ओज और वाणी में प्रवाह न होने के कारण मौखिक अभिव्यक्ति भाव एवं रसहीन हो जाती है। उदाहरणतः–वीर रस की कविता का ओजस्विता विहीन, निर्जीव पाठ।

(3) आरोह-अवरोह की अनिश्चितता है— मौखिक अभिव्यक्ति में भावानुसार स्वर में उचित-अवरोह का प्रयोग न करना अथवा वाणी के उतार-चढ़ाव में निश्चितता का न होना मौखिक अभिव्यक्ति का बहुत ही गम्भीर दोष है। कभी-कभी कविता वाचक अनावश्यक रूप में आरोह-अवरोह का उपयोग करता है या नहीं करता है अथवा कहीं करता है। इससे भावभिव्यक्ति में बाधा उत्पन्न होती

मनोवैज्ञानिक दोष—

छात्रों में अनावश्यक संकोच, भ्रम, भय, झिझक, क्रोध, हीनता आदि के भाव उत्पन्न होने के कारण मौखिक-अभिव्यक्ति में स्वाभाविक रूप से दोष आ जाते हैं। परिणामत: अभिव्यक्ति में हकलाना, तुतलाना, बड़बड़ाना आदि दोष दिखाई देने लगते हैं।

मौखिक अभिव्यक्ति सम्बन्धी त्रुटियों के निवारण हेतु उपचारात्मक उपाय

उच्चारण अवयवों की जाँच-यदि माता-पिता एवं शिक्षक को कहीं ऐसा अनुभव हो कि बालक की मौखिक अभिव्यक्ति में उच्चारण अवयवों का दोषपूर्ण होना है, तो उसके उच्चारण अवयवों की सघन जाँच करायें। चिकित्सक के परामर्श के अनुसार विद्यालय अथवा माता-पिता शिक्षार्थी की अपेक्षित चिकित्सा करायें।

शैक्षिक-निर्देशन एवं सहायता कार्यक्रम— यदि अन्तर्मुखी शिक्षार्थी संवेगी एवं स्नायविक दोषों ग्रसित होने के कारण भ्रम, भय, संकोच, अधैर्य, आतंक, झिझक आदि का अनुभव कर रहा है तो प्रशिक्षित स्नायविक चिकित्सक अथवा मनोवैज्ञानिक से सहायता लेकर कक्षा एवं विद्यालय में ऐसे प्रेरक वातावरण का सृजन किया जाये, जिससे शिक्षार्थियों में आत्मविश्वास का विकास हो! हीन भावना न आने पाये तथा उनकी झिझक, संकोच, क्रोध आदि स्वत: समाप्त हो जाये और वे अभिव्यक्ति के सामूहिक-कार्यक्रमों में सक्रिय रूप से भाग ले सकें।

सुनियोजित शैक्षिक क्रिया-कलापों का विद्यालय-स्तरीय आयोजन

बालक-बालिकाओं की मौखिक अभिव्यक्ति सम्बन्धी त्रुटियों के निवारण के लिए शिक्षक अपने साथी अध्यापकों की सहायता से संकोची, भयातुर बच्चों की कक्षा, सभा, विद्यालय, उत्सवों, प्रार्थना-स्थल एवं सामूहिक सभाओं में उनकी क्षमतानुसार निर्धारित विषयों पर अपने विचार प्रकट करने के लिए प्रोत्साहित करें तथा उन्हें निरन्तर प्रेरणा प्रदान कर यथावसर उनकी प्रशंसा भी करें।

अभिनय प्रयोगों से युक्त उपचारात्मक शिक्षण कार्यक्रम

अभिनव प्रयोग में विश्वास रखने वाले निष्ठावान भाषा शिक्षक माध्यमिक एवं अन्य स्तर पर छात्र वर्ग के लघु समूह बनाकर मौखिक अभिव्यक्ति के विकास एवं त्रुटियों के निराकरण के लिए विशेष उपचारात्मक शिक्षण का आयोजन भी कर सकते हैं तथा इस दृष्टि से किसी अभिनव प्रयोग की तैयारी कर उसकी उपयोगिता का अध्ययन कर सकते हैं।

सारांश— मौखिक अभिव्यक्ति कौशल का महत्त्व जीवन में सबसे अधिक हैं। छोटी कक्षाओं में विषयपरक सामान्य बातचीत से मौखिक अभिव्यक्ति के विकास का प्रयास किया जाना चाहिए। इस कौशल विकास हेतु औपचारिक बातचीत के साथ-साथ कहानी, कथन, घटना, भाषण, आशु भाषण, अभिनय तथा काव्य-पाठ जैसे क्रिया-कलापों आयोजन करना आवश्यक है। विषयवस्तु में शुद्धता, स्वाभाविकता, स्पष्टता, विचार क्रमबद्धता, सशक्तता एवं सहजता जैसे गुणों का हो आवश्यक है।

2.3 वाचन कौशल (Speaking)

वाचन ज्ञानार्जन की कुंजी है! वाचन एक कला कौशल है। वाचन केवल पुस्तक को पढ़ना मात्र नहीं है, बल्कि उसे पढ़कर समझना और उसका अर्थ ज्ञात करना भी उतना ही महत्त्वपूर्ण है। शिक्षक वाचन शिक्षा इतिहास और भूगोल के समान नहीं होती। वाचन की परिभाषा कुछ इस प्रकार बनायी है, "पूर्व श्रुत ध्वनियों के प्रतीक लिपिबद्ध शब्दों को पढ़कर अर्थ ग्रहण करने की प्रक्रिया को वाचन कहते हैं।" वाचन एक साधन है, जिसके माध्यम से बालक सम्पूर्ण मानवता से संचित ज्ञानराशि से परिचित हो सकता है। अत: भाषा शिक्षण में वाचन क्रिया अत्याधिक महत्त्वपूर्ण है। वाचन ज्ञान प्राप्ति के साथ ही आनन्द प्राप्ति का साधन है। वाचन मनोरंजन का एक सशक्त माध्यम है। वाचन की सामाजिक उपयोगिता सर्वाधिक है। वाचन साक्षरता का पर्याय है। पढ़ना-लिखना और साक्षर होना यानी वाचन का सम्बन्ध लिखित रूप से है। सामान्य भाषा में लिखे हुए शब्दों का उच्चारण करना वाचन कहलाता है। वाचन में केवल लिपिवद्ध अक्षरों की पहचान तथा उनकी मौखिक अभिव्यक्ति ही पर्याप्त नहीं है। वरना उसका अर्थ ग्रहण कर उसे समझना भी अनिवार्य है। अत: वाचन कौशल कवि या लेखक के लिखित विचारों एवं निहित भावों के साथ तादात्म्य स्थापित करने हेतु जिस युक्ति का उपयोग किया जाता है, उसे हम वाचन कौशल कह सकते हैं।

वाचन कौशल एक कला है। वाचन की जीवन के प्रत्येक क्षेत्र में आवश्यकता होती है, क्योंकि मानव का सबसे बड़ आभूषण उसकी सुन्दरता न होते हुए उसकी सुसंस्कृत एवं मधुर वाणी है। सुन्दरता या अन्य आभूषण तो टूट या घिस जाता है किन्तु वाणी हमेशा सुमधुर रूप से उज्ज्वल बनाती है। अमृत भी मधुर वाणी में हुआ करता है। मानव अपने भावों एवं विचारों को बोलकर अथवा लिखकर व्यक्त करता है। भावों एवं विचारों का सम्प्रेषण एवं प्रकाशन ही रचना ही है।

वाचन कौशल का अर्थ

वाचन भाषायी कौशलों में एक प्रमुख कौशल माना गया, लेकिन पठन एक लिखित कौशल होने के कारण उसे गौण कौशल माना गया है। यह भाषायी कौशल में क्रम से तीसरे स्थान पर आता है। वाचन एक कला है। इस कला को सभी मनुष्य समान रूप में आत्मसात नहीं कर सकते, बल्कि कुछ मनुष्य ही उसे अच्छी तरह से अर्जित कर सकते हैं। वाचन का कोई ऐसा सीमित या विशिष्ट अर्थ नहीं है। जिसे हम सामान्य रूप से वाचन कहते हैं। लेकिन कुछ विद्वानों ने वाचन कौशल का अर्थ बड़ा सटीक रूप में दिया है। उन्होंने अपने विचार के सन्दर्भ में दो प्रकार दिये हैं।

(1) लिपियों की पहचान : वाचन कौशल का अर्थ समझने के लिए लिपियों की पहचान होना आवश्यक है। लिपियों की पहचान ही वाचन कौशल की प्राथमिक अवस्था है। उसे अर्जित करने के बाद हम भाषा के वर्ण, स्वर, व्यंजन, शब्द तथा वाक्यों से भी परिचित होने लगते वाचन का सम्बन्ध केवल किसी एक वर्ण को पहचानना, शब्द के पहचानना नहीं है, बल्कि लिपि प्रतीकों के माध्यम से भाषा को पूरी तरह से पहचानना है। संसार में अनेक प्रकार की लिपि निर्माण हुई है। जिसमें देवनागरी रोमन, अरबी, फारसी आदि। इन सभी लिपियों से अलग-अलग भाषा की भी निर्मिती हुई है। इस भाषा को अर्जित करने के लिए लिपि पहचानना सबसे महत्त्वपूर्ण काम है।

(2) भाषा तथा अर्थग्रहण : वाचन का अर्थ सही समझने के लिए लिपि पहचान के साथ भाषा तथा अर्थग्रहण भी महत्त्वपूर्ण होता है। सिर्फ लिपियों को पहचानना ही वाचन कौशल का अर्थ नहीं है, तो लिपियों के साथ-साथ ही जब हम उसके भाव तथा अर्थग्रहण को अर्जित करते हैं, तब वाचन का पूरा अर्थ हो जाता है! वाचन का अर्थ समझने में भाव तथा अर्थग्रहण एक आधार स्तम्भ की तरह है। जब लिपि पहचान के साथ भाव तथा अर्थग्रहण का पूरा भाव बोधवाचक हो जाता है, तो वाचक का सही अर्थ समझ में आता है।

अत: वाचन का पूरा सही अर्थ समझने के लिए लिपियों के पहचान के साथ भाव तथा अर्थग्रह अर्थग्रहण दोनों ही मुख्य वाचन के साथ आधार स्तम्भ हैं। उसके बिना वाचन कौशल का अर्थ अर्जित करना सम्भव नहीं है।

वाचन कौशल का महत्त्व

वाचन भाषायी कौशल का महत्त्वपूर्ण कौशल है। वाचन का अर्थ लिखित लिपि द्वारा अक्षर को पहचानना और उसके सहारे निष्पत्ति को प्राप्त करना है। वाचन के मूल में

अर्थग्रहण की आवश्यकता अधिक महत्त्वपूर्ण होती है। कोई भी साहित्य बिना महत्त्व नहीं लिखा जाता है। उसके महत्त्व को ध्यान में रखकर ही साहित्य लिखा जाता है। उसी रूप से वाचन कौशल का महत्त्व मनुष्य के जीवन में विभिन्न क्षेत्रों में दिखाई देता है। वह इस प्रकार है।

(1) ज्ञानप्राप्ति
(2) आनन्द तथा मनोरंजन
(3) सांस्कृतिक विकास
(4) व्यक्तित्व विकास
(5) भाषावर प्रभुत्व प्राप्त करना
(6) साहित्य लेखन/साहित्य सृजन
(7) समीक्षा/आलोचना
(8) मागदर्शन के लिए
(9) सामान्य तथा सूक्ष्म अर्थग्रहण के लिए
(10) रोजगार प्राप्त करने में

(1) **ज्ञानप्राप्ति :** वाचन का मूल महत्त्व ज्ञानप्राप्त करना है। कोई भी छात्र जब वाचन करता है, तब उसका मूल उद्देश्य ज्ञान बढ़ाना होता है। ज्ञान प्राप्ति के लिए छात्र विभिन्न तरह की विभिन्न किताबें पढ़ता है। नये-नये विषयों की जानकारी हमें उससे होती है। कुछ छात्र ग्रन्थों को ही अपना गुरु मानते हैं, क्योंकि गुरु के समान ज्ञान देने का महान कार्य करता है। इस तरह वाचन का मूल उद्देश्य छात्र अपने जीवन में ज्ञानप्राप्ति के लिए करता है।

(2) आनन्द तथा मनोरंजन : ज्ञानप्राप्ति के साथ-साथ छात्र आनन्द तथा मनोरंजन भी प्राप्त कर सकता है। कोई छात्र अपनी ही रुचि की कहानी, कविता, नाटक तथा कोई फिल्मी गीत वाचनकर आनन्द तथा मनोरंजन कर सकता है। जब घर में या सफर करते समय छात्र या कोई व्यक्ति समय बिताने के लिए कोई-न-कोई किताब, समाचारपत्र पढ़ता है, तो इसे खास कर मनोरंजनात्मक या अनन्द भरा वाचन ही कहा जाता है।

(3) सांस्कृतिक वाचन : मनुष्य को वाचन से विभिन्न संस्कृति की प्राप्ति होता है। वाचन के कारण ही दो भिन्न धर्म की संस्कृति, रीति-रिवाज इन सभी बातों का सामान्य परिचय हमें मिल सकता है। वाचन के कारण ही हम धर्म की संस्कृति को, धर्म के रीति-रिवाजों को हम आवश्यकता के आधार पर बढ़ा सकते हैं। अच्छी संस्कृति का पालन भी हम कर सकते हैं अर्थात् वाचन का महत्त्व मनुष्य के जीवन

में अपनी संस्कृति बढ़ाने या अच्छी संस्कृति को आत्मसात करने के लिए महत्त्वपूर्ण होता है।

(4) व्यक्तित्व विकास : वाचन का महत्त्व मनुष्य के जीवन में अपना प्रभावी व्यक्तित्व बनाने के लिए होता है। व्यक्तित्व का मतलब सामाजिक सम्बन्ध स्थापित करने की और दूसरों पर प्रभाव डालने की क्षमता होना। वाचन से ही व्यक्ति का व्यक्तित्व अन्य लोगों से श्रेष्ठ दिखाई देता है, क्योंकि वाचन ऐसी ऊर्जा है, जो मनुष्य को अच्छे रूप से बोलने के लिए, खाने के लिए, कपड़े पहनने के लिए या समाज में रहने के लिए वाचन ही हमें सिखाता है। इसिलिए वाचन का महत्त्व मनुष्य के व्यक्तिगत उन्नति के लिए अर्थात् एक श्रेष्ठ व्यक्तिगत बनाने के लिए होता है।

(5) भाषा पर प्रभुत्व प्राप्त करना : वाचन से नये-नये शब्द, मुहावरे तथा वाक्य का सैद्धान्तिक ज्ञान हमें प्राप्त होता है। भाषा में शब्द, उच्चारण महत्त्वपूर्ण होने के कारण उसे सही रूप से उच्चारण करना वाचन कौशल सिखाता है। जो व्यक्ति अपने शब्द पर, उच्चारण पर प्रभुत्व निर्माण कर सकता है, ऐसा व्यक्ति दुनिया की किसी भी भाषा पर अपना अधिकार या प्रभुत्व जमा सकता है। जैसे–फिल्म महानायक अमिताभ बच्चन ने सिर्फ वाचन के माध्यम से ही हिन्दी भाषा पर सबसे श्रेष्ठ प्रभुत्व निर्माण किया है।

(6) साहित्य लेखन या साहित्य सृजन : वाचन का महत्त्व साहित्य सृजन करने के लिए होता है। किसी भी व्यक्ति की कथा, कादम्बरी, नाटक, कविता नये रूप से मिलती है। तो नये रूप से लिखना है, तो पहले विभिन्न तरह की, विभिन्न क्षेत्रों की किताबें पढ़ना आवश्यक होता है। उसके सहारे ही लेखक अपने विचारों के अनुरूप कविता, नाटक, उपन्यास आदि विधाओं पर लेखन करता है अर्थात् वाचन का महत्त्व मनुष्य के जीवन में साहित्य लिखने के लिए होता है।

(7) समीक्षा या आलोचना : वाचन का महत्त्व मनुष्य के जीवन में समीक्षा या आलोचना करने के रूप में होता है। कोई व्यक्ति विशिष्ट विषय पर गहरा ज्ञान प्राप्त करता है। तो वह व्यक्ति उस विषय पर अच्छी समीक्षा या आलोचना कर सकता है। समीक्षा या आलोचना से तात्पर्य उस विषय से सम्बन्धित गुण-दोषों को उजागर करता है। समीक्षा या आलोचना वही व्यक्ति कर सकता है, जो वाचन कौशल को अच्छी तरह से समझने में कामयाब हुआ है। इसलिए वाचन का महत्त्व समीक्षा या आलोचना करने के रूप में होता है।

(8) मार्गदर्शन के लिए : व्यक्ति विभिन्न तरह से विभिन्न विषयों की अनेक किताबों को पढ़कर ज्ञान को संगृहीत करता है। उस संग्रह का उपयोग आगे चलकर

मार्गदर्शन के रूप में उसका उपयोग करता है। किसी भी व्यक्ति को अपने जीवन में एक अच्छा मार्गदर्शक बनने के लिए वाचन करना सबसे महत्त्वपूर्ण है, क्योंकि वाचन के बिना एक अच्छा मार्गदर्शन करना सम्भव नहीं होता है। इसलिए वाचन का महत्त्व मनुष्य के जीवन में एक अच्छा मार्गदर्शक के रूप में आवश्यक होता है।

(9) सामान्य तथा सूक्ष्म अर्थग्रहण : वाचन का महत्त्व अर्थग्रहण करना है, लेकिन अर्थग्रहण के साथ ही सामान्य से सामान्य तक तथा सूक्ष्म से सूक्ष्म तक विषय का अर्थग्रहण करना या जानना है। अनेक व्यक्ति वाचन ज्ञान प्राप्ति या मनोरंजन के लिए करता है। लेकिन कभी-कभी छोटी-से-छोटी बात का पता लगाने के लिए भी वाचन करता है अर्थात् वाचन का महत्त्व मनुष्य के जीवन में सामान्य तथा सूक्ष्म-विषय वस्तु का अर्थग्रहण करने के लिए किया जाता है।

(10) रोजगार प्राप्ति : वाचन का महत्त्व मनुष्य के जीवन में रोजगार प्राप्त करने के लिए होता है। किसी भी क्षेत्र में रोजगार प्राप्त करना है, तो उसके लिए वाचन सबसे महत्त्वपूर्ण है, क्योंकि रोजगार के क्षेत्र में वाचन का सबसे बड़ा स्थान मिला है, वाचन से ही कहीं-न-कहीं किसी-न-किसी दफ्तर मैं छोटी-बड़ी नौकरी भी मिल सकती है। वाचन के बिना नौकरी प्राप्त करना बड़ा कठिन होता है। इसलिए रोजगार के क्षेत्र में वाचन बड़ा महत्त्व है।

भाषायी कौशल में अन्य कौशल के समान वाचन कौशल भी एक महत्त्वपूर्ण कौशल है। मनुष्य को वाचन कौशल के सभी क्षेत्रों का ज्ञान होने से वाचन के द्वारा मनुष्य में ऊर्जा अधिक मात्रा में बढ़ती है। मनुष्य वाचन से बुद्धिमान बनता है। वाचन से ही मनुष्य का जीवन सुन्दर महान बन सकता है।

वाचन कौशल का महत्त्व मनुष्य के जीवन में इस प्रकार है—

1) उपर्युक्त सामग्री
2) लिपिज्ञान
3) शब्द तथा वाक्य रचना का ज्ञान
4) उचित बलाघात
5) नेता गति
6) श्रवण और भाषण

1) उपर्युक्त सामग्री : वाचन कौशल अर्जित करने के लिए व्यक्ति के पास वाचन की उपर्युक्त सामग्री रहना आवश्यक है। व्यक्ति के पास जितनी

अधिक वाचन सामग्री होगी, उस व्यक्ति के वाचन शक्ति अर्जित करने में उतनी अधिक मदद होगी। उपर्युक्त वाचन सामग्री के आधार पर व्यक्ति वाचन कौशल को प्राप्त करने अधिक कामयाब होगा। वाचन शिक्षण प्राप्त करने में पाठशाला में बैठने के लिए कक्षा, किताबें, कलम और ज्ञानी अध्यापक की जरूरत होती है। इन सभी सामग्री के माध्यम से व्यक्ति वाचन कौशल को धीरे-धीरे विकसित कर सकता है।

2) लिपिज्ञान : वाचन कौशल अर्जित करने के लिए विभिन्न सामग्री के लिपि ज्ञान का होना भी आवश्यक है। लिपि ज्ञान के अभाव में वाचन अर्जित करना सम्भव नहीं है। मनुष्य भाषा श्रवण से सिखता है। इससे बोलने की क्षमता आती है। लेकिन पढ़ने की क्षमता नहीं, इसलिए वाचन कला अर्जित करने के लिए लिपि ज्ञान आवश्यक होता है। लिपि ज्ञान से हमें भाषा का परिचय होता है। भाषा से स्वर, व्यंजन तथा व्याकरण के सभी नीति-नियमों का भी परिचय होता है, इसलिए सबसे पहले हमें लिपि ज्ञान होना वाचन कौशल के लिए आवश्यक है।

3) शब्द तथा वाक्य रचना का ज्ञान : लिपि चिह्नों के सहयोग से शब्द बनते हैं। शब्द की सहायता से वाक्य बनता है। शब्द और वाक्य का ज्ञान वाचन शिक्षण अर्जित करते समय सबसे महत्त्वपूर्ण है एक शब्द के लिए अनेक पयार्य का ज्ञान। लेकिन उन पर्यायी शब्दों का उपयोग उचित समय पर करना आवश्यक होता है। क्योंकि अनेक बार शब्द का ज्ञान न होने के कारण वाचन शिक्षण में बाधा बन सकती है। जैसे–'पानी' शब्द के लिए जल, नीर, उदक, सलिल, तोय।

4) उचित बलाघात : वाचन कौशल अर्जित करते समय उचित बलाघात का उपयोग करना आवश्यक होता है। बलाघात के कारण ही वाचन कौशल में एक लय निर्माण होती है। यह लय ही वाचन कौशल में एक अच्छा लक्षण है। बलाघात से तात्पर्य शब्द का सही उच्चारण करते हुए अर्थ निष्पत्ति करना है। जो छात्र शब्द का सही उच्चारण करना चाहता है, उस छात्र के पास बलाघात का ज्ञान होना आवश्यक है, क्योंकि बलाघात के सहारे ही वाचन कौशल को हम सही रूप से अर्जित कर सकते हैं।

5) नेत्रगति : वाचन कौशल अर्जित करने लिए नेत्रगति का भी होना आवश्यक है। जिस तरह से छात्र श्रवण सुनता है, उसी तरह से आँखों से वाचन भी अर्जित कर सकता हैं। वाचन प्राप्त करने के लिए सिर्फ नेत्रगति होना ही आवश्यक नहीं है, तो उसके साथ ही नेत्र की रोशनी होना सबसे महत्त्वपूर्ण है। वाचन कौशल अर्जित करते

समय नेत्र की रोशनी तेज हो तभी हम किसी भी भाषा के अक्षरों को बड़े आसानी से देख और पढ़ सकते, लेकिन जिस व्यक्ति के सामने वाचन कौशल को प्राप्त करना बड़ कठिन होता है। इसलिए वाचन कौशल अर्जित करने के लिए नेत्रगति का सहयोग सबसे महत्त्वपूर्ण है।

6) श्रवण और भाषण : वाचन शिक्षण में श्रवण और भाषण का विशेष महत्त्व है। श्रवण और भाषण ये वाचन कौशल अर्जित करने के मूलभूत कौशल हैं। व्यक्ति सबसे पहले सुनता है, उसके बाद बोलने लगता है और बाद में वाचन करने लगता है अर्थात् श्रवण और भाषण पर वाचन कौशल निर्भर है। हम जिस तरह से सुनते हैं, उसी तरह से वाचन भी करते हैं। इसलिए वाचन शिक्षण में श्रवण और भाषण का विशेष महत्त्व है।

वाचन के प्रकार

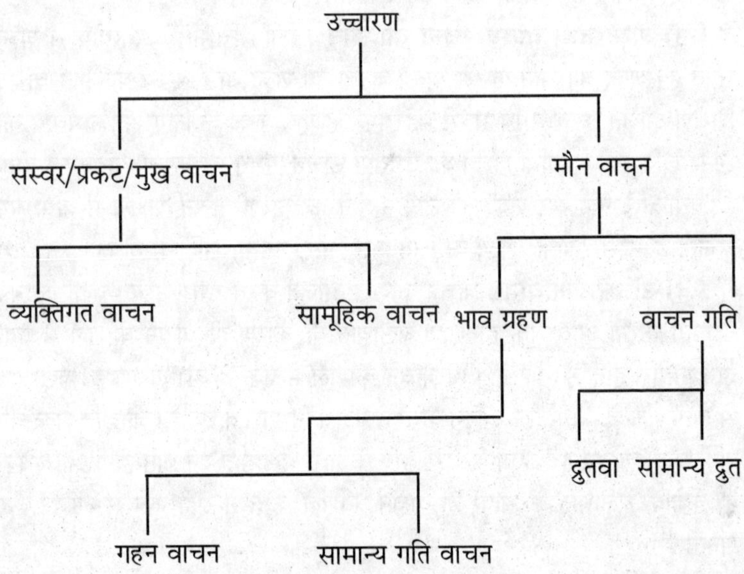

सस्वर वाचन

सस्वर वाचन में भाव निहित होता है। हम अपने दैनिक जीवन के व्यवहार में सस्वर पठन का प्रयोग करते हैं। जब हम सभा सोसाइटियों में भाषण देने के लिए जाते हैं, तब अपना मन्तव्य लिखित रूप में तैयार करते हैं और फिर उसे सभा में पढ़ते हैं। लगभग सभी दीक्षान्त भाषण लिखित सामग्री का पठन ही होता हैं। अनेक औपचारिक अवसरों पर भाषण देने के लिए वाद-विवाद एवं गोष्ठियों में अपनी बात को प्रभावशाली ढंग से कहने के लिए हमें सस्वर वाचन की आवश्यकता होती है।

शुद्ध एवं प्रभावी तथा प्रभावपूर्ण पठन श्रोताओं को मन्त्रमुग्ध कर वाचक के व्यक्तित्व को निखार देता है एवं वक्ता का प्रभाव श्रोताओं पर पड़ता है। अच्छा सस्वर वाचन वार्तालाप के समय वार्तालाप को रुचिकर बना सकता है। शैक्षिक परिसंवाद, सेमिनार, कार्यगोष्ठी, सम्मेलन आदि में अच्छे सस्वर वाचन का अपना विशेष महत्त्व होता है। सामजिक उत्सवों, पास-पड़ोस के पारिवारिक उत्सवों एवं धार्मिक कृत्यों के समय काव्यों का पाठ करने की शिक्षित व्यक्ति को आवश्यकता होती है और वाचन की क्रिया में अकुशल व्यक्ति ऐसे अवसरों पर बगले झाँकने लगता है। सस्वर वाचन में आत्म-विश्वास जाग्रत होता है। उसके भाषा प्रयोग की क्षमता में वृद्धि होती है, औपचारिक अवसरों पर उसकी झिझक दूर हो जाती है और उसमें नेतृत्व के गुणों का विकास होता हैं।

सस्वर वाचन में विरामादि चिह्नों को समुचित रूप से ध्यान रखा जाना चाहिए। शुद्ध एवं स्पष्ट उच्चारण के साथ पढ़ना, शुद्धता का ध्यान देना और मात्रायुक्त ध्वनियों की शुद्धता महत्त्वपूर्ण होती है। उचित बल और आरोह-अवरोह से पढ़ना। भावानुरूप अवसर के अनुकूल पढ़ना, श्रोताओं की संख्या एवं अवसर के अनुसार वाणी को नियन्त्रित करना, उच्चारण एवं सुर में स्थानीय बोलियों का प्रभाव न आने-देना महत्त्वपूर्ण होता है।

सस्वर वाचन के गुण

(1) ध्वनियों का ज्ञान : विद्यार्थियों को विभिन्न ध्वनियों का ज्ञान होना चाहिए और समान ध्वनियों में भेद करने की समर्थता होनी चाहिए।

(2) उच्चारण शुद्धता : प्रसन्न विशेष, सौष्ठव एवं क्रम, कर्म, कृमि जैसे शब्दों का उच्चारण शुद्धता से करना जरूरी है।

(3) उपयुक्त बलाघात : आवश्यकता, जनता, करना-धरना आदि शब्दों के उच्चारण में रेखांकित ध्वनियों को आधा कर देना या लुप्त कर देना ठीक नहीं।

(4) विराम चिह्न : वाचन स्पष्ट विराम, अर्द्ध विराम एवं पूर्ण विराम का ध्यान रखकर पढ़ना चाहिए।

(5) स्पष्टता : वाचन में प्रवाह का ध्यान रखा जाये। गति पर नियन्त्रण आवश्यक होता है। इतना जोर से पढ़ना चाहिए कि सभी श्रोता सुन लें! शब्दों के समूह को एक साँस में पढ़ते, उनमें अर्थ की संगति का ध्यान रखा जाये। प्रत्येक वर्ण का उच्चारण पृथक् रूप में ही किया जाये।

(6) रसात्मकता : अच्छा वाचक मुँह से प्रत्येक ध्वनि को निकालते समय कर्कश ढंग से नहीं पढ़ता। न ही उसमें रूखापन रहता है। वरन मधुरता के साथ सरल ढंग से शब्दों का उच्चारण किया जाता है।

मौन वाचन

मौन वाचन भी सस्वर वाचन की तरह भाषा शिक्षण का महत्त्वपूर्ण अंग है। सस्वर वाचन निपुणता प्राप्त कर लेने के पश्चात मौन वाचन की शिक्षा देनी चाहिए। मौन वाचन से पाठ शीघ्रता से पढ़ा जा सकता है और पाठ पढ़ते-पढ़ते शीघ्रता से समझ में भी आ जाता है। मौन वाचन से विद्यार्थी स्वावलम्बी बनते हैं। उनमें पढ़ाई की आदत पड़ती है। इससे छात्र-छात्राओं में स्वाध्याय की आदत का विकास होता है।

लिखित सामग्री को बिना कोई ध्वनि किये मन-ही-मन में शान्तिपूर्वक पढ़कर अर्थ ग्रहण कर नेत्रों के द्वारा वाचन सामग्री तीव्रता से पढ़ी जाती है। इसमें वाचन मानसिक धरातल पर होता है और मस्तिष्क तेजी से अर्थ ग्रहण करता है। इसमें वाचन करने वाले के होंठ तक भी नहीं हिलते। मौन वाचन के बारे में रायबर्न लिखते है–"आरम्भ में ही बालकों को प्रशिक्षित करना चाहिए कि वे अपने पाठ करते हुए के होंठों को न हिलायें अन्यथा मौन वाचन सस्वर वाचन का ही रूप बनकर रह जायेगा और बालक कभी भी अपनी आँखों से पढ़ना नहीं सीखेगा।

मौन वाचन की उपयोगिता

(1) मौन वाचन में थकावट कम होती है।

(2) छात्र में एकाग्रता का विकास जल्द होता है। अर्थग्रहण तीव्रता से किया जाता है।

(3) मौन वाचन तीव्र गति से होने से समय की बचत होती है।

(4) मौन वाक्य में थकावट न होने से छात्र अधिक समय तक पढ़ाई कर सकता है।

(5) संक्षेपीकरण में सहाय्यक होता है।

(6) गहन अध्ययन में बहुत सहायक है।

(7) कम समय में अधिक ज्ञान की प्राप्ति होती है।

(8) समय के सदुपयोग के लिए बहुत सार्थक एवं सशक्त प्रक्रिया है।

(9) स्वाध्याय की आदत का विकास करने से पूर्ण रूप से सहायक है।

(10) मौन वाचन सार्वजनिक स्थानों पर दूसरों की उपस्थित में भी सम्भव है।

मौन वाचन का उद्देश्य

(1) कल्पना शक्ति का विकास करना।

(2) पठन की गति बढ़ाना।

(3) छात्रों में स्वाध्याय की आदत का विकास करना।

(4) छात्रों में अर्थग्रहण करने की क्षमता का विकास करना।

(5) मुख्य बिन्दुओं को छाँटकर कण्ठस्थ करने की योग्यता उत्पन्न करना।

(6) शब्द भण्डार में वृद्धि करना।

(7) मुख्य भागों को आत्मसात करने की योग्यता उत्पन्न करना।

(8) जिज्ञासा का समाधान करना।

(9) ध्यान केन्द्रित करने की क्षमता का विकास करना।

(10) अवकाश के क्षणों का सदुपयोग करना।

(11) सृजनात्मकता की योग्यता का विकास करना।

मौन वाचन का महत्त्व

(1) स्थायी स्मृति में वृद्धि होती है।

(2) छात्रों के पठन गति में तीव्रता आ जाती है।

(3) समय और शक्ति की बचत होती हैं।

(4) मानसिक और शारीरिक थकान कम होती है।

(5) मुख्य भावों को समझने में सहायक होता है।

(6) एकाग्रता के कारण अन्य विषयों में सहसम्बन्ध सम्भव है।

(7) स्थायी स्मृति में वृद्धि होती है।

(8) सृजनात्मक शक्ति का विकास होता है।

वाचन की आदत का विकास-द्रुतवाचन— वाचन कौशल को विकसित करने की प्रक्रिया में द्रुतवाचन एक महत्त्वपूर्ण वाचन है। प्राथमिक कक्षाओं में वाचन करने वाला छात्र अपनी छोटी आयु के कारण वाचन में तीव्रता नहीं ला पाता। शब्दों के शुद्ध उच्चारण करने की चिन्ता तथा बोले गये वाक्यों के भाव-विचारों को समझने की असमर्थता आदि के कारण छात्र रुक-रुक कर पढ़ता है। धीरे-धीरे अभ्यास के फलस्वरूप वाचन की गति मन्द से सामान्य हो जाती है और सामान्य से निरन्तर वाचन करने से तेज हो जाती है।

द्रुतवाचन का अर्थ है— अधिक गति के साथ वाचन करते हुए विषय-वस्तु को समझना। गति का अभिप्राय है—कम समय में अर्थ ग्रहण करते हुए अधिक पृष्ठों का वाचन करना। इस प्रकार वाचन की कुशलता का विकास वाचन की आदत-निर्माण द्वारा ही सहज रूप से सम्भव है। वाचन की आदत का विकास करने के लिए निम्नलिखित बातों को देखना आवश्यक है।

(1) सस्वर वाचन तथा मौन वाचन— सस्वर वाचन वाचन का प्रथम और प्रमुख प्रकार है। सस्वर वाचन के सहारे छात्र वाचन कौशल अर्जित कर सकता है। सस्वर वाचन एक महत्त्वपूर्ण वाचन प्रकार है, जिसमें छात्र वाचन के वर्ण, शब्द, वाक्य तथा व्याकरण के सभी नियमों के तहत उच्चारण कर सकता है। इसलिए 'द्रुतवाचन' का विकास करने के लिए छात्र के पास 'सस्वर वाचन' का पूरा ज्ञान होना आवश्यक है। 'सस्वर वाचन' की तरह 'मौन वाचन' भी 'द्रुत वाचन' का विकास करने के लिए महत्त्वपूर्ण वाचन प्रकार है।

(2) छात्रों की अभिरुचि— 'द्रुत वाचन' को अधिक पल्लवित करने के लिए अध्यापक को छात्रों की अभिरुचि के अनुसार साहित्य पढ़ने के लिए देना अधिक उचित है। छात्रों की रुचि किस तरह की है, उसे आज कौन सा साहित्य पढ़ने के लिए मन में जिज्ञासा है। उसकी विभिन्न रोचकता को देखकर वह साहित्य पढ़ने के लिए देना आवश्यक है। प्राथमिक तथा माध्यमिक कक्षाओं में पढ़ने वाले विद्यार्थियों की अभिरुचि सिर्फ शब्द पढ़ने तक या उसका सही उच्चारण करने तक सीमित होती है, लेकिन उच्च शिक्षा प्राप्त करने वाले छात्रों की अभिरुचि ज्ञानात्मक तथा शोध साहित्य की ओर अधिक होती है, तो उनके सामने ऐसा ही साहित्य रखना योग्य है, जिनकी रुचि जिस साहित्य की ओर अधिक है। तभी 'दुत वाचन' का विकास हो सकता है।

(3) वाचन सामग्री की, उपयुक्तता— वाचन सामग्री की उपयुक्तता छात्रों के पास रहना आवश्यक है। वाचन की सामग्री छात्र की रुचि के अनुसार हो, जितनी

मात्राओं में वाचन की सामग्री छात्रों के रुचि के अनुसार उपलब्ध होगी, छात्र की उत्तनी ही अधिक मात्राओं में वाचन की ओर अपना लक्ष्य केन्द्रित करेगा। धीरे-धीरे 'द्रुत-वाचन' की ओर बढ़ेगा। इसलिए 'द्रुत वाचन' के विकास के लिए वाचन सामग्री की उपयुक्तता अधिक मात्राओं में रहना वाचन कौशल के लिए योग्य है।

(4) अर्थसंचय की क्षमता— वाचन की आदत को छात्रों में बढ़ाने के लिए छात्रों के मन में सबसे पहले 'अर्थ संचय' की क्षमता का विकास करना योग्य है। वाचन का अर्थ सिर्फ लिपियों तथा शब्दों का उच्चारण करना यहाँ तक सीमित नहीं है। तो उसके साथ शब्दों का मन-ही-मन अर्थसंचय, अर्थग्रहण करना है। जो विद्यार्थियों को लिपियों को पहचाने, शब्दों का उच्चारण करने के साथ शब्दों का पूरा अर्थग्रहण कर लेता है। तो वह छात्र 'द्रुत वाचन' को धीरे-धीरे विकसित कर सकता है अर्थात् 'द्रुत वाचन' का विकास करने के लिए छात्रों के पास शब्दों के अर्थसंचय, अर्थग्रहण करने की क्षमता होना आवश्यक है।

3
लेखन कौशल

प्रस्तावना

लेखन कौशल भाषा कौशलों के आधारभूत कौशलों में से एक है। परन्तु चारों भाषा कौशलों में से लेखन कौशल सबसे कठिन है। वैसे कहा जा सकता है कि लेखन और कुछ नहीं केवल जो कुछ हम बोलते हैं, उसका प्रतिनिधित्व करने के लिए निर्धारित लिपि-चिह्नों या कागज पर उतारना मात्र है। किन्तु यह तो लेखन कौशल की प्रक्रिया का प्रथम चरण है। लेखन कौशल के साथ अनेक उप-कौशल जुड़े होते हैं। शिक्षार्थी को कुछ यान्त्रिक योग्यताओं को प्राप्त करना होता है। जैसे–वर्णमाला के वर्णों को सही तरीके से बनाने की योग्यता, शब्दों और वाक्यों को साफ-साफ तथा सुपाठ्य रूप से शब्दों के बीच में उचित दूरी रखते हुए लिखना, निर्धारित स्थान पर सीधी पंक्ति में तथा विराम-चिह्नों का प्रयोग करते हुए लिखना आदि। परन्तु इतना ही नहीं। यह सब तो लेखन का यान्त्रिक पक्ष है। प्रभावी लेखन इससे भी कुछ अधिक की अपेक्षा करता है। उपर्युक्त यान्त्रिक योग्यताओं को प्राप्त करने के पश्चात लेखक को लिखने से पहले यह सोचना पड़ता है और मानसिक रूप से यह योजना बनानी पड़ती है कि वह क्या कहना चाहता है और उसे कैसे अत्यधिक प्रभावी ढंग से कहा जा सकता है।

बोलने की तरह लेखन भी अभिव्यक्ति का एक माध्यम है। तथापि बोलने की अपेक्षा लेखन अधिक कठिन कार्य हैं। बोलने में सुनने वाला हमारे सामने बैठा होता है, इसलिए हम उसकी प्रतिक्रिया को देखते हुए अपनी बात में तदनुसार परिवर्तन कर सकते है, किन्तु लेखन में पाठक हमारे सम्मुख उपस्थित नहीं होता, इसलिए कोई तात्कालिक अन्त:क्रिया या प्रतिपुष्टि नहीं हो सकती है, जो कुछ लिख दिया गया, हम उसको स्पष्ट करने की स्थिति में नहीं होते हैं। इतना ही नहीं लिखते समय हमें वाक्यों को व्याकरणिक रूप से शुद्ध लिखने, उन्हें अर्थपूर्ण बनाने तथा अपने

विचारों को क्रमबद्ध, तर्कपूर्ण तथा सुसंगत रूप से लिखने के लिए काफी ध्यान देने की आवश्यकता होती है। तभी हम संक्षिप्त तथा परिशुद्ध रूप से अपनी बात को लिखकर अभिव्यक्त कर सकते हैं।

3.1 लेखन कौशल का अर्थ और स्वरूप

सामान्यतः भाषा के माध्यम से कुछ भी लिखना लेखन कहलाता है, परन्तु भाषा शिक्षण के सन्दर्भ में लेखन अर्थ है–अर्थपूर्ण लेखन, भाव एवं विचारों की लिखित रूप में अभिव्यक्ति। भाव एवं विचार लेखन के मूलतत्त्व होते हैं। इस प्रकार अपने भाव एवं विचारों को लिखित भाषा के माध्यम से अभिव्यक्त करने की क्रिया को लेखन कहते हैं। यह बात दूसरी हैं कि लेखक अपने भाव एवं विचार अभिव्यक्त करने के लिए जिन तत्त्वों की आवश्यकता होती है। उन्हें ही लेखन के आवश्यक तत्त्व एवं आधार कहते हैं। आधुनिक समय में व्यक्ति अपने मनोभावों का प्रकटीकरण भाषा के माध्यम से दो रूपों में करता है।

(1) मौखिक भाषा के माध्यम से

(2) लिखित भाषा के माध्यम से

मौखिक रूप के अन्तर्गत भाषा का ध्वन्यात्मक एवं भावों की मौखिक अभिव्यक्ति है। तब इन ध्वनियों को प्रतीकों के रूप में व्यक्त किया जाता है और इन्हें लिपिबद्ध कर स्थायित्व प्रदान करते हैं, तो वह भाषा का लिखित रूप कहलाता है। भाषा के इस प्रतीक रूप की शिक्षा, प्रतीकों को पहचानकर उन्हें बनाने की क्रिया अथवा ध्वनि को लिपिबद्ध करना लिखना है। लिपिका ज्ञान प्राप्त करने के बाद अपने विचारों तथा भावों को लिखित रूप में व्यक्त करना लेखन कौशल कहलाता है। लिपि का ज्ञान प्राप्त करने के बाद भाषा को लिखित रूप में अपनाता है तथा अपने भावों तथा विचारों को स्थायित्व प्रदान करता है। मौखिक भाषा के शिक्षण में विद्यार्थियों के उचित गति, विराम आदि का उचित प्रयोग कर शुद्ध भाषा का बोलना सिखाया जाता है। लेकिन-लेखन कौशल के शिक्षण में बच्चों को पहले अक्षर चिह्नों की सुन्दर बुनावट सिखाई जाती है। महात्मा गांधी ने भी इस मत का समर्थन किया है कि, "लिखना सीखने से पूर्व बालकों को चित्रकला सिखाना चाहिए, ताकि अक्षरों को चित्र समझकर लिखना सीखें, क्योंकि अक्षर भी चित्र ही है।" इसलिए प्रारम्भिक कक्षा में बच्चों के कद के अनुसार नीचे श्यामपट लटका देना चाहिए, जिस पर बच्चा अपनी इच्छा से मनमाने ढंग से लकीरें खींचता रहे, ताकि उसकी भुजा की मांसपेशियों को अभ्यास हो। लिखना प्रारम्भ करने से पूर्व बच्चे के स्नायुओं का

अनुशासन में रहने का अभ्यास करना अत्यन्त आवश्य है। यह एक कटु सत्य है कि जब तक बच्चे को लिखना नहीं आता तब तक उसका भाषा पर पूर्ण अधिकार नहीं होता। अत: बच्चे के लिए लिपि ज्ञान नितान्त आवश्यक है।

लेखन की आवश्यकता

(1) अपने विचारों को सुरक्षित रखने के लिए लिखित अभिव्यक्ति की आवश्यकता है। लिखकर विचारों को बहुत लम्बी अवधि के लिए स्थायित्व प्रदान किया जा सकता है।

(2) जीवन के सभी कार्य, व्यापार पत्र-व्यवहार, घर का दैनिक हिसाब-किताब, रिकॉर्ड आदि रखने के लिए लेखन की आवश्यकता है। यह सन्देशों व भावों को सम्प्रेषित करने का माध्यम है।

(3) शिक्षा ग्रहण करने, पठित सामग्री को संगृहीत करने, प्रश्नों के उत्तर देने, पाठ का सार तैयार करने, कक्षा कार्य करने, गृहकार्य करने आदि में लेखन कौशल की आवश्यकता होती है। लेखन के बिना पाठ्यपुस्तक का कोई अस्तित्व ही नहीं है।

(4) जब तक बालक को लिखना नहीं आता तब तक उसका भाषा पर पूर्ण अधिकार नहीं हो पाता।

(5) लेखन सभ्यता व संस्कृति को संरक्षण प्रदान करता है। उसके द्वारा ही वर्तमान पीढ़ी अपनी विचारधारा को आगामी पीढ़ी को सौंपती है। किसी भी राष्ट्र की सामाजिक, राजनीतिक, सांस्कृतिक और आर्थिक परिस्थितियों की जानकारी के लिए लेखन कौशल आवश्यक है।

(6) लिखित भाषा मौखिक भाषा से अधिक विश्वसनीय मानी जाती है। इससे मौखिक विचारों को व्यवस्थित किया जा सकता है।

(7) भाषा के रूप को स्थायित्व प्रदान करने व उसमें एकरूपता लाने की दृष्टि से लेखन की आवश्यकता निर्विवाद है।

(8) लेखन कौशल सम्पूर्ण मानव जाति को एक सूत्र में बाँधता है।

(9) साहित्य में सृजन व उसके भण्डार में वृद्धि के लिए लेखन कौशल आवश्यक है।

(10) आधुनिक शिक्षा प्रणाली में परीक्षा का महत्त्वपूर्ण स्थान है। लेखन कौशल के बिना परीक्षा की कल्पना करना भी सम्भव नहीं है। लेखन कौशल द्वारा ही बच्चों की योग्यता का मूल्यांकन किया जाता है।

(11) आज तो लेखन एक स्वतन्त्र व्यवसाय का रूप ले चुका है। पत्रकार, साहित्यकार आदि अनेक व्यक्ति लेखन कौशल के माध्यम से जीविका का उपार्जन कर रहे हैं।

आज हम मानव जीवन को देखते हैं कि मानव जीवन अत्यधिक व्यापक हो चुका है। लेकिन मौखिक भाषा से जीवन के सभी कार्य सम्भव नहीं हैं। आज जीवन के प्रत्येक क्षेत्र में लेखन कौशल की आवश्यकता अनुभव की जाती है। कार्यालयों में परस्पर कार्य व्यापार करते समय दूरस्थ व्यक्ति को सन्देश देने अथवा उसे अपने विचारों से अवगत करने के लिए लिखित भाषा का प्रयोग करना आवश्यक है। दैनिक जीवन में हमें कदम-कदम पर लिखित भाषा की आवश्यकता पड़ती है। अपने घर के हिसाब-किताब के साथ ही, बैंक में व्यवहार करने के लिए लिखित भाषा का प्रयोग किया जाता है। आधुनिक युग में ज्ञान का विस्फोट हो चुका है। फलस्वरूप विद्यार्थियों को उसके अनेक विषय पढ़ने पड़ते हैं। विद्यालय एवं महाविद्यालयों में पाठ्यक्रमों की पुस्तुकें निर्धारित की जाती हैं। इन पाठ्य पुस्तकों को पढ़ने से विद्यार्थी का काम नहीं चलता। उसे लिखित पुस्तकों को पढ़कर महत्त्वपूर्ण सामग्री इकट्ठी करनी पड़ती है और नोट्स बनाने पड़ते हैं। उन्हें परीक्षा देते समय लिखित रूप में ही उत्तर देने पड़ते हैं। इसलिए लिखित भाषा का ज्ञान विद्यार्थियों को आवश्यक है। लिखित भाषा विद्यार्थियों के हाथ तथा मस्तिष्क में सन्तुलन उत्पन्न करती है। यह भाषा में मधुरता लाती है।

लेखन कौशल का उद्देश्य

सुनना, बोलना, पढ़ना व लिखना इन चारों को हम भाषायी कौशल कहते हैं। सुनना और पढ़ना इन दो कौशलों से हम ज्ञान प्राप्त करते हैं, अत: इन्हें ग्रहणात्मक कौशल कहा जाता है। बोलना और लिखना कौशलों के माध्यम से हम अपने अनुभवों एवं विचारों को दूसरों के सामने प्रस्तुत करते हैं। अत: इन्हें अभिव्यक्तत्यात्मक कौशल कहते हैं। जो व्यक्ति अपने विचारों को जितने प्रभावशाली ढंग से व्यक्त करता है, वह जीवन में उतनी ही सफलता प्राप्त करता है। बच्चा लिखकर प्रभावशाली ढंग से अपने विचार व्यक्त कर सके, इसके लिए लेखन कौशल की शिक्षा देना आवश्यक है।

लेखन कौशल में पूर्ण परिचय होना जरूरी होता है, क्योंकि अपने भावों, विचारों एवं अनुभवों को मूर्तरूप देने में कोई दिक्कत नहीं आती। अपने अनुभवों के साथ दूसरों के भी भावों को लिपिबद्ध किया जा सकता है।

लेखन तत्त्व एवं आधार

लेखन कौशल के विकास का अर्थ है अपने भाव एवं विचारों को लिखित भाषा के माध्यम से अभिव्यक्त करने की क्रिया में निपुण करना और इसके लिए आवश्यक है कि लेखन के आवश्यक तत्त्वों का विकास किया जाये। अत: इसके लिए तो सतत: प्रयास आवश्यकता होता है। किसी भी कौशल के विकास के लिए सबसे अधिक आवश्यकता अभ्यास की होती है। हम लिखने जितना अधिक अवसर देंगे, इसके लिए हमें अपने भाव एवं विचारों की अभिव्यक्ति करने के लिए सामान्यत: निम्न बातों की ओर ध्यान देना जरूरी होगा।

लेखक का लेखन तन्त्र-हाथ आँख आदि एवं लेखन सामग्री पेन, कॉपी आदि। लेख का लिपि ज्ञान, उनको उनके सही रूप में लिखने का अभ्यास। लेखक का अपना सक्रिय शब्दकोश शब्दों का शुद्ध उच्चारण, शुद्ध वर्तनी, अपने भाव एवं विचारों की स्पष्टता। लेखक में लिखने की तत्परता, लेखन में उस रुचि एवं अध्ययन। लेखक का अपने भाव एवं विचारों धैर्य के साथ, पूर्ण मनोयोग से तार्किक क्रम में अभिव्यक्त करने का अभ्यास। लेखक का प्रसंगानुकूल भाषा-ज्ञान एवं उसके प्रयोग का अभ्यास, विराम चिह्नों के प्रयोग का ज्ञान एवं अभ्यास। भाषा व्याकरण सम्मत हो। अभिव्यक्ति संक्षिप्त, स्पष्ट तथा प्रभावोत्पादक होनी चाहिए। लेखन सुन्दर, स्पष्ट एवं सुडौल होना जरूरी है।

लेखन के उद्देश्य

(1) सुपाठ्य लेख लिख सकेंगे।

(2) शब्दों की शुद्ध वर्तनी लिख सकेंगे।

(3) सोचने एवं निरीक्षण करने के उपरान्त भावों को क्रमबद्ध रूप व्यक्त कर सकेंगे।

(4) विराम-चिह्नों का यथोचित प्रयोग होगा।

(5) ध्वनि, ध्वनि समूहों, शब्द, सूक्ति, मुहावरों का ज्ञान प्राप्त होगा।

(6) व्याकरण सम्मत भाषा का प्रयोग होगा।

(7) अनुलेख, अतिलेख तथा श्रुतलेख लिख सकेगा।

(8) क्रमबद्धता बनाये रखेगी।

(9) छात्र अभीष्ट सामग्री ही प्रस्तुत करेंगे।

(10) विभिन्न रचना वाले वाक्यों का शुद्ध गठन होगा।

(11) शब्दों, वाक्यांशों तथा उपवाक्यों का कम अर्थानुकूल रखने में मदद होगी।

(12) लिखित अभिव्यक्ति के विभिन्न रूपों के माध्यम से अभिव्यक्ति कर पाने में सक्षमता आयेगी।

(13) भाव की दृष्टि से अभिव्यक्ति में संक्षिप्तता ला सकेंगे।

(14) लिखित अभिव्यक्ति के विभिन्न रूपों की तकनीक का विधिवत पालन करने में समर्थ बनाने में मदद होगी।

पठन के समान लेखन कौशल भी शिक्षार्थी से कुछ ऐसे अनुभवों और दक्षताओं की अपेक्षा रखता है। जिससे वह लिखने के लिए तत्पर हो सके। 'तत्पर' होने से तात्पर्य यह है कि औपचारिक लेखन प्रारम्भ करने से पूर्व शिक्षार्थी में निम्नलिखित योग्यताओं, कौशलों का विकास हो चुका हो।

i) आँख-हाथ में समन्वय।

ii) उँगली की पेशियों का समन्वय एवं नियन्त्रण।

iii) वर्ण प्रत्यक्षण अर्थात् विभिन्न आकृतियों, रूपों में विभेद करने की क्षमता।

iv) दिशात्मकता-बायीं से दायीं ओर लिखने की आदत।

लेखन कौशल के विकास के लिए क्रियाकलाप

लेखन शिक्षण कब से प्रारम्भ किया जाये, शिक्षाशास्त्रियों में मतैक्य नहीं है। प्रसिद्ध शिक्षा शास्त्री फोबेल ने पढ़ने की क्रिया पहले और लिखने की क्रिया को बाद में रखने का सुझाव दिया है। दूसरी तरफ मारिया मांटेसरी ने लिखाने-सिखाने को पहले, तत्पश्चात पढ़ना सिखाने का समर्थन किया है। इन दोनों मतों से भिन्न एक तीसरा मत भी है। इसे दोनों मतों का समन्वयक कह सकते हैं क्योंकि अधिकांश शिक्षा विशारदों का मत है कि पढ़ना-लिखना साथ-साथ होना चाहिए। अतः कहा जा सकता है, लेखन-शिक्षा अन्तिम सोपान है। जब भाषा शिक्षक को यह विश्वास हो जाये कि छात्रों के हाथ की मांसपेशियाँ सुदृढ़ हो चुकी हैं और वे लिखने में सक्षम हैं, तब थोड़े-थोड़े समय लेखन का अभ्यास कराना चाहिए।

लेखन की शिक्षण विधि

(1) मांटेसरी विधि : मांटेसरी ने लिखना सिखाने में आँख, कान और हाथ तीनों के समुचित प्रयोग पर बल दिया है। उनके मतानुसार पहले बालक को लकड़ी अथवा गत्ते या प्लास्टिक के बने अक्षरों पर ऊँगली फेरने को कहा जाये, फिर उन्हें

पेंसिल उन्हीं अक्षरों पर घुमवाना चाहिए। पेंसिल प्राय: रंगीन होनी चाहिए। इस प्रकार बालक अक्षरों के स्वरूप से परिचित होकर उन्हें लिखना सीख जाता है।

(2) रूपरेखानुकरण विधि : इस विधि में शिक्षक श्यामपट या स्लेट चॉक था पेंसिल से बिन्दु रखते हुए शब्द या वाक्य लिख देता है और छात्रों में उन निशानों पर पेंसिल से लिखने के लिए बोलता है, जिससे शब्द, वाक्य या वर्ण उभर आयें। इस प्रकार अभ्यास के माध्यम से वह वर्णों को लिखना सीख जाता है।

(3) स्वतन्त्र अनुकरण विधि : इस विधि में शिक्षक श्यामपट, अभ्यास पुस्तिका या स्लेट पर अक्षरों को लिख देता है। छात्रों को कहा जा है कि उन अक्षरों को देखकर उनके नीचे स्वयं इसी प्रकार के अक्षर बनाये। प्रारम्भ में बच्चे इस विधि से लिखना सीखते हैं।

(4) जेकॉटॉट विधि : इस प्रणाली में शिक्षक बालकों द्वारा पढ़े हुए वाक्य को स्वयं लिखकर छात्रों को लिखने के लिए दे देता है। छात्र एक-एक शब्द लिखकर अध्यापक द्वारा लिखित शब्द से मिलाते स्वयं संशाधित करते चलते हैं और पूरा वाक्य लिखने के पश्चात शिक्षक मूल वाक्य को बिना देखे हुए उन्हें लिखने को कहता है, छात्र स्वयं लिखते हैं।

लेखन कौशल के विकास के लिए क्रियाकलाप में शिक्षार्थियों की सहायता करने के लिए आवश्यक हैं कि उनमें पहले कुछ उप-कौशलों को विकसित किया जाये। ऐसे अनेक क्रियाकलाप और खेल हैं, जो इस सम्बन्ध में उपयोगी हो सकते हैं, विशेष रूप से प्रारम्भिक स्तरों पर शिक्षार्थियों में लेखन कौशल के विकास के लिए आपको कुछ युक्तियाँ अपनानी होंगी। इन युक्तियों को यहाँ कुछ क्रियाकलापों के रूप को भी अपनाना होगा।

(1) बैठने का ढंग : लिखते समय छात्रों की रीढ़ सीधी रहे। झुककर लिखने की आदत न पड़ने पाये।

(2) अभ्यास पुस्तिका की आँखों से दूरी : छात्र अभ्यास पुस्तिका लगभग एक फुट की दूरी पर रखकर ही लिखे।

(3) कलम पकड़ने की विधि : पहली और दूसरी उँगली के बीच में कलम रखकर उसे अँगूठे से पकड़ना चाहिए, कलम की निब को लगभग एक इंच से ऊपर पकड़ना चाहिए।

लेखन कौशल

लिखने की तैयारी लेखन शिक्षण की प्रथम आवश्यकता है। द्वितीय वर्ण रचना और तीसरी वाक्य रचना। लेखन कौशल में हमें शब्दों तथा वाक्यों को लिखना सीखना

है। लेखन शिक्षण में हमें इन्हीं तीनों बातों पर अधिक ध्यान देना जरूरी है। इस समय हमें सुन्दर-सुडौल व स्पष्ट रूप से लिखने के लिए निम्नलिखित प्रकार का अभ्यास करना जरूरी है।

(1) सुलेख

(2) अनुलेख

(3) श्रुतलेख

(1) सुलेख : सुन्दर लेख को ही सुलेख कहा जाता। सुलेख का लेखन शिक्षण में विशेष स्थान रखता है। सुलेख यह शिक्षित व्यक्ति को आवश्यक है। हमें सुलेख लेखन के लिए प्रारम्भ से ही सतर्क रहकर समय-समय पर नयी-नयी विधियों को अपनाना चाहिए। प्रारम्भ से ही हम इन्हीं बातों को ध्यान रखकर लेखन करते हैं, तो अपनी लिखावट अच्छी हो सकती है। यथा ध्यान देनी योग्य बातें।

(1) अनुपात : परस्पर वर्णों में तथा मात्राओं के साथ आकार दृष्टि से अनुपात हो। अगर वर्णों में अनुपात नहीं होगा तो वर्ण हो छोटे-बड़े आकार के होंगे और उनका आकार सही नहीं दिखेगा।

(2) पाई : देवनागरी लिपि के वर्णों में पाई (।) का चिह्न लेख को सुन्दर बनाने में बहुत महत्त्व रखता है। यदि पाई सीधी होगी तो वर्ण सुन्दर बनेंगे। पाई का कोण 90^0 अंश पर होना चाहिए। अगर 90^0 से छोटा या बड़ा हुआ तो वर्ण सुन्दर नहीं दिख पायेंगे।

(3) शिरोरेखा : देवनागरी लिपि के वर्णों पर शिरोरेखा लगाना अनिवार्य माना जाता है। अत: प्रत्येक शब्द पर शिरोरेखा अवश्य हो। शिरोरेखा बिल्कुल सीधी होनी चाहिए। शिरोरेखा के बिना कोई भी वर्ण अक्षर पूरा नहीं लगता।

(4) मात्राओं का योग : वर्णों में मात्राओं का योग ठीक से हो। विशेष रूप से 'इ' की मात्रा से पूर्व आधे व्यंजन के योग में तथा 'र' के साथ लगने वाली 'उ' व 'ऊ' की मात्राओं में विशेष सावधानी की आवश्यकता होती है।

(5) उचित दूरी : वर्णों, शब्दों, वाक्यों तथा पंक्तियों की परस्पर एक-दूसरे दूरी समुचित रूप से होनी चाहिए। यह दूरी न तो बहुत अधिक रहना चाहिए और न ही बहुत कम। दूरी एक सीमित मात्रा में होनी चाहिए।

(6) अनुच्छेदों में विभाजन : लेख को समुचित अनुच्छेदों में विभाजित किया जाना चाहिए। अनुच्छेद निर्माण एक कला है। अलग-अलग विचार के लिए अलग-अलग अनुच्छेद की रचना की जानी चाहिए और हमें यह ध्यान रखना चाहिए कि

न तो एक ही विचार के लिए कई अनुच्छेद बनाये जायें और न ही एक अनुच्छेद में कई विचारों का समावेश हो।

(7) उचित हाशिया : लिखते समय पृष्ठ के बायीं और उचित हाशिया छोड़ा जाना भी सुलेख के लिए अनिवार्य है।

(8) उचित गति : लेख की सुन्दरता के साथ-साथ लेखन में उचित गति होना भी आवश्यक है अर्थात् सुन्दर लिखने के चक्कर में एक शब्द या वाक्य पर ही पूरा समय न लगा दिया जाये। अत: गति के साथ-साथ सुन्दरता बनाये रखना आवश्यक है।

उपरोक्त विशेषताओं के साथ लेखन करते समय सावधानी भी बरतनी आवश्यक होती है।

(1) सर्तकता : सर्तकता सुन्दर हस्तलेख के लिए अत्य आवश्यक है। आरम्भिक कक्षाओं में स्याही स्थान पर पेंसिल के प्रयोग ही ठीक रहेगा, क्योंकि स्याही के प्रयोग से बालक साफ नहीं लिख पाता। जब तक स्याही का प्रयोग सफाई के साथ करना न सीख सके, तब तक पेंसिल से ही लिखना लाभदायक है। तीसरी कक्षा से लेकर स्याही और कलम का प्रयोग सीखना चाहिए। निब लिखना प्रारम्भिक कक्षाओं में वर्जित होना चाहिए। उसके स्थान पर कलम से ही लिखवाना उचित है, क्योंकि निब के प्रयोग से सुन्दर हस्तलेख का अभ्यास नहीं होता और लिखावट बिगड़ जाती है।

(2) बैठने का ढंग : लिखते समय रीढ़ की हड्डी सीधी रहनी चाहिए। झुकी हुई अवस्था में लिखने से अवयवों को हानि पहुँचती है। लेखन सामग्री नेत्रों के कम-से-कम एक फुट की दूरी पर हो और कॉफी, तख्ती या स्लेट सीधी रखी जानी चाहिए। जहाँ मेज, चौकी की व्यवस्था नहीं, वहाँ दाहिना घुटना खड़ा कर उस पर पुस्तिका, स्लेट या तख्ती रखकर लिखने का ढंग अच्छा है। इसमें रीढ़ की हड्डी सीधी रहती है। झुकी हुई अवस्था में लिखना हानिकारक है। लिखित कार्य आरम्भ करने से पूर्व छात्रों का शरीर सन्तुलित होना चाहिए।

(3) कलम या लेखनी पकड़ने का ढंग : प्रथम तथा द्वित्तीय उँगली के मध्य तथा अँगूठा रखकर उलम पकड़नी चाहिए। कलम को उसकी जीभ से लगभग एक इंच की दूरी से पकड़ना चाहिए। इसमें लिखने में थकान कम होती है और स्याही से हाथ भी खराब नहीं होते।

(4) लेखन सामग्री : स्पष्ट और सुडौल लिखने के लिए उचित लेखन सामग्री का होना आवश्यक है। प्रारम्भिक स्तर पर तख्ती, स्लेट, पेंसिल का प्रयोग किया

जाये तो अच्छा है। स्याही का उपयोग उस समय नहीं करना चाहिए, जब तक छात्र उसका प्रयोग अच्छी तरह से करना न सीख जायें। स्याही का प्रयोग करें भी तो यह देखें की स्याही ठीक से धुली हो। लेखनी ठीक हो। यद्यपि आज बाल पेन के प्रयोग ने बहुत सुगम बना दिया है।

(5) लेखन चक्र की अवधि : छोटे बच्चे के लिखने की समयावधि अधिक लम्बी नहीं किया जाये। जब बालक लिखें तब वे प्रसन्न मुद्रा में रहें। अधिक लम्बी अवधि होने पर बालक थक जायेंगे तथा उनके लेखन के प्रति अरुचि हो जायेगी।

(6) लिखने की क्रम : प्राथमिक अवस्था में बच्चों से वर्ण बड़े आकार में लिखाये जाने चाहिए। धीरे-धीरे उनके आकार को छोटा किया जाना चाहिए। बाद में धीरे-धीरे कठिन शब्दों की ओर बढ़ें। जिन वर्णों को बच्चे थोड़े प्रयत्न से लिख सकते हैं, पहले उन वर्णों को ही चुन जाये। फिर सीखे गये वर्णों से ही अन्य वर्णों का निर्माण कराया जाये! ऐसा करने से लेखन में रुचि बढ़ती चली जायेगी।

(7) सुडौल अक्षर बनाना : अक्षर सुडौल हो, उनका प्रत्येक अंग सानुपात हो, अक्षर आकार में बड़े, स्पष्ट व सीधे लिखे जायें। टेढ़े-मेढ़े अक्षर नेत्र रंजक नहीं होते। दो पंक्तियों के बीच एक पंक्ति का अन्तर रखना बालको को सीखाना चाहिए। पुस्तिका पर लिखते समय लगभग एक इंच का हाशिया छोड़ना और नित्य कक्षा का लिखित कार्य करते समय पृष्ठ के ऊपर दिनांक सही स्थान पर डालना भी उचित होता है।

ये बातें छोटी-छोटी-सी हैं, किन्तु लेखन की कुशलता के लिए निरन्तर अभ्यास करते रहना अत्यन्त आवश्यक है।

अनुलेख

किसी आदर्श लिखाई का वैसा-का-वैसा अनुकरण करना अनुलेख या अनुलिपि कहलाता है। अनुलेख कराते समय अध्यापक को सक्रिय रूप से छात्रों की सहायता करनी चाहिए। लिखते समय बच्चे के हाथ और अँगुलियों के संचालन की ओर अधिक ध्यान देने की आवश्यकता है।

श्रुतलेख

श्रुतलेख में छात्र सुनी हुई ध्वनियों को लेखनीबद्ध करते हैं। अनुलेख में छात्र के सामने मुद्रित वर्ण होते हैं, पर श्रुतलेख में इस चीज का अभाव होता है। श्रुतलेख में सुन्दर लेख का इतना महत्त्व नहीं है, जितना भाषा की शुद्धता का।

श्रुतलेख का उद्देश्य छात्रों के श्रवणेन्द्रिय को पूर्ण शिक्षित करना भी है, ताकि वह भाषा के शुद्ध रूप को सावधानी से सुन सके। इसमें बच्चे की लिखावट में सुडौलता, स्पष्टता व गति लाना भी उद्देश्य होता है। इसके द्वारा अपने हाथ, कान, आँख व मस्तिष्क की क्रियाओं में सन्तुलन स्थापित करने का अभ्यास करता है। स्मरण-शक्ति विकसित होती है तथा उसे सुनकर भाव ग्रहण करने का अभ्यास हो जाता है। इसका एक उद्देश्य वर्तनी की शिक्षा देना भी है। श्रुतलेख के अंश को चुनते समय मानसिक स्तर का ध्यान रखना जरूरी होता है। चुना गया अंश न तो अधिक कठिन हो और न ही अधिक सरल।

भाषा कौशल भाषा व्यावहारिक पक्ष है। तथ्यों, भावों, विचारों तथा कौशल में शारीरिक अंगों, ज्ञानेन्द्रियों, कर्मेन्द्रियों को क्रियाशील रखना पड़ता है। भाषा कौशल मुख्य माध्यम का कार्य करती है। भाषा कौशल में मुख के अंगों को अधिक क्रियाशील रहना पड़ता है। लेखन कौशल में सभी अक्षर सुडौल एवं सानुपात होने चाहिए। लिखी गयी विषय-वस्तु पठनीय होनी चाहिए। अक्षरों का झुकाव दाहिनी ओर अथवा बायीं ओर नहीं होता, बिल्कुल सीधा लिखा जाना चाहिए। पंक्तियाँ टेढ़ी न होकर सीधी हो, समान रूपों वाले अक्षर जैसे–म एवं य, भ एवं म, ध और घ सुपाव्य लिखे जाने चाहिए। दो शब्दों के मध्य, दो पंक्तियों के मध्य एवं अनुच्छेदों के मध्य अन्तर होना चाहिए। छात्रों में सावधानीपूर्वक लिखने की आदत होनी चाहिए। छात्रों को वर्णों की ठीक-ठीक बनावट में लिखने की आदत होनी चाहिए। छात्रों में शुद्ध अक्षर विन्यास का ज्ञान करना और वाक्य रचनाओं की जानकारी जरूरी होती है। छात्रों को भाषा में प्रयुक्त शब्द, सूक्ति, मुहावरे एवं लेकोक्तियों का उचित एवं प्रसंगानुकूल प्रयोग का ज्ञान करना चाहिए। विराम चिह्नों का सही-सही प्रयोग करना जरूरी है। विषयानुसार भाषा शैली का प्रयोग होना जरूरी है। छात्रों में अपने अनुभवों और विचारों को लिखकर अभिव्यक्त करने की योग्यता विकसित करना चाहिए। छात्रों में अपने विचारों को तार्किक एवं क्रमबद्ध रूप में प्रकट करना सिखाना चाहिए। छात्रों में साहित्य के प्रति रुचि जाग्रत करना भी चाहिए।

3.2 लेखन कौशल क्षेत्र

मनुष्य एक सामाजिक प्राणी है। प्राणी भी ऐसा जो अपने विचारों, भावों और अनुभवों को बोलकर व्यक्त कर सकता है। अन्य प्राणी इस रूप में स्वयं के विचारों, भावों और अनुभवों को प्रकट नहीं कर सकते। भाषा मानव को दिया हुआ वरदान है। मानव अपने भावों को हाथ, आँख, नाक, पैर तथा शारीरिक क्रियाओं के माध्यम से

प्रकट कर सकता है, किन्तु यह शारीरिक क्रियाएँ कुछ समय तक ही मौजूद रहती है। तब अपने विचारों को सुरक्षित रखने के लिए लिखित अभिव्यक्ति की आवश्यकता है। लिखकर विचारों को बहुत लम्बी अवधि के लिए स्थायित्व प्रदान किया जाता है। जीवन के सभी कार्य, व्यापार, पत्र-व्यवहार, घर का दैनिक हिसाब-किताब, रिकॉर्ड आदि रखने के लिए लेखन कौशल्य आवश्यक है। वैसे अगर देखा जाये तो लेखन कौशल्य जीवन के हर क्षेत्र में कार्य करता है। लेखन कौशल का फलक (क्षेत्र) बहुत बड़ा है।

जीवन के सभी कार्य में जो व्यक्ति पढ़ना या लिखना जानता है, वही साक्षर अर्थात पढ़ा-लिखा होता है। शिक्षा ग्रहण करने, पठित सामग्री को संगृहीत करने, प्रश्नों के उत्तर देने, पाठ का सार तैयार करने, कक्षा कार्य करने, गृहकार्य करने आदि में लेखन कौशल महत्त्वपूर्ण भूमिका निभाता है। लेखन के बिना कोई भी पाठ्यपुस्तक का अस्तित्व नहीं होता। लेखन के द्वारा सभ्यता, संस्कृति को संरक्षण होता है। हर क्षेत्र में लेखन कौशल का कार्य होता है जैसे की सामाजिक क्षेत्र, राजनैतिक क्षेत्र, सांस्कृतिक क्षेत्र, आर्थिक क्षेत्र, विज्ञान क्षेत्र, कार्यालयीन क्षेत्र, मीडिया का क्षेत्र आदि।

शिक्षा क्षेत्र : शिक्षा एक महत्त्वपूर्ण साधन है जो व्यक्ति के विकास में मद्द करती है और उसे बेहतर नागरिक बनाती है। जिससे व्यक्ति को स्वतन्त्रता मिलती है। शिक्षा क्षेत्र मे पाठ्यपुस्तकों की निर्मिति के लिए लेखन कौशल आवश्यक है। शिक्षा से व्यक्ति को ज्ञान मिलता है और दिमाग मजबूत होता है। शिक्षा से व्यक्ति को अपनी क्षमताओं, सही विचार करने और कुशल निर्णय लेने में मद्द मिलती है।

मीडिया लेखन के क्षेत्र

पत्रकारिता : पत्रकारिता के रूप में ग्रामीण, व्याख्यात्मक, विकास, रेडियो, दूरदर्शन पत्रकारिता, फोटो पत्रकारिता, विधि पत्रकारिता, अन्तरिक्ष पत्रकारिता आदि। जनसंचार पत्रकार, विज्ञापन, जनसम्पर्क, विपणन, स्वास्थ सेवा, राजनीति, गेमिंग, मनोरंजन जैसे क्षेत्र में लेखन कौशल्य होता है।

रेडियो और टेलीविजन : रेडियो वार्ता, रेडियो फीचर, साक्षात्कार, परिचिर्चा, समीक्षा, संस्मरण, टीवी फीचर, वृत्तचित्र, कार्टून फिल्म, रिपोर्ताज, ध्वनि, नाटक, टेलीफिल्म, टेली ड्रामा, डॉक्यूड्रामा फीचर, फिल्म आदि।

मीडिया लेखन : मीडिया में काम करना रोमांचक और चुनौतीपूर्ण दोनों भी है। और कोई भी दो दिन एक जैसे नहीं होता। मीडिया के लिए लेखन की कई

शैलियाँ और रूप विकसित हुए हैं। जो नीचे मीडिया लेखन के विभिन्न प्रकारों से देख सकते हैं।

1. समाचार लेखन
2. फीचर लेखन
3. समीक्षा लेखन
4. स्तम्भ लेखन
5. खोजी लेखन
6. सामग्री लेखन
7. खेल लेखन
8. सम्पादकीय लेखन

रोजगार के क्षेत्र

लेखन के क्षेत्र में कई तरह के रोजगार अवसर है। व्यवसायों के लिए डिजिटल कंटेट तैयार करना, जैसे ब्लॉग पोस्ट, लेख, उत्पाद विवरण या वेबसाइट कंटेट। समाचार पत्रों, पत्रिकाओं, न्यूज चैनलों में रिपोर्टर, प्रेस फोटोग्राफर, सम्पादक, कॉपीराइटर, घोषक आदि पदों पर कामकिया जा सकता है।

रेडियो जॉकी : इस कॅरियर में आपकी आवाज देश-दुनिया में सुनी जाती है।

ब्लॉग लेखन : दूसरे ब्लॉग पर लिखकर अपनी पहुँच और दर्शकों तक बढ़ाया जा सकता है।

ऑनलाइन हिन्दी शिक्षण : निजी पाठ्यक्रमों के जरिये स्वयरोजगार किया जा सकता है।

ऑनलाइन खरीद और मार्केटिंग : हिन्दी में लेखन करने से सृजनात्मक सन्तृष्टि के साथ वित्तीय लाभ मिल सकता है।

साहित्यिक एजेंट : साहित्यिक एजेंट, पेशेवर लेखकों और प्रकाशन गृहों के बीच मध्यस्थ के रूप में काम करते हैं।

कानूनी कॉपीराइटर : वेब पेजों, विज्ञापनों, सोशल मीडिया, ईमेल आदि के लिए सामग्री तैयार करते हैं।

पत्र का क्षेत्र

अर्द्ध सरकारी, कार्यालय ज्ञापन, ज्ञापन, परिपत्र, कार्यालय आदेश, राजपत्र, संकल्प, अधिसूचना, प्रेस विज्ञप्ति, द्रुत पत्र, अनुस्मारक, प्रतिवेदना, संक्षेपण, पल्लवन, टिप्पण, मसौदा आदि।

लागत लेखन का क्षेत्र

लागत लेखांकन, लेखाकन की एक शाखा है जिसका इस्तेमाल किसी कंपनी की उत्पादन लागतों को मापने के लिए किया जाता है। लागत लेखांकन के कई फायदे हैं। लागत लेखांकन में हर खर्च को रिकॉर्ड किया जाता है। जैसे लीज व्यय, उत्पादन व्यय, सेवा और उत्पाद।

3.3 लेखन कौशल की विशेषताएँ

- लेखन कौशल का मतलब है अपने विचारों और विचारों को लिखित शब्दों में व्यक्त करने के लिए पर्याप्त ज्ञान और क्षमता होना।
- लेखन कौशल से दूसरों को आपके विचारों को समझने में आसानी होना आवश्यक होता है।
- लेखन कौशल से आप अपने विचारों कों सम्प्रेषित कर सकते है और पाठकों को अपने साथ जोड़ने का काम होता है।
- लेखन कौशल से अपने लक्षित दर्शकों के मुताबिक अपने लहजे और शब्दों को इस्तेमाल कर सकते हैं।
- लेखन कौशल में व्याकरण और वर्तनी की गलतियाँ कम होती है।
- लेखन की विशेषताओं में शुद्धता, पढ़ने में आसानी, आकर्षकता, स्पष्टता, संक्षिप्तता, कुशलता और प्रभावशीलता होती है।
- लेखन के लिए आपको एक अच्छे विचार से शुरुआत करनी चाहिए और प्रासंगिक शोध करना चाहिए।
- लेखन में स्पष्ट स्वरूपण होना चाहिए, वर्तनी विराम चिह्न या व्याकरण की कोई गलती नहीं होनी चाहिए
- लेखन शैली और आवाज में शुरू से अन्त तक सुसंगतता होनी चाहिए।
- लेखन अच्छे विचार से शुरू होना चाहिए। जिसमें प्रासंगिक शोध द्वारा समर्थित करने की शक्ति होना आवश्यक है।
- लेखन का मूल एक बढ़िया विचार होता है। उस विचार की मजबूती के साथ लेखक विचार कर आसानी से इर्द-गिर्द सामग्री का निर्माण कर सके। वह सामग्री भी दिलचस्प होनी चाहिए। उसमें पाठक को आसानी से सन्देश देने की ताकत होनी अनिवार्य है। इसके साथ लेखन शैली में सही आवाज होनी चाहिए। लेखन विषय और थीम से मेल खाने वाला होना चाहिए। लेखन करने से पहले निश्चित करे की लेखन विफल न हो, इसमें सही यान्त्रिकी होनी चाहिए लेखक को उचित वर्तनी, विरामचिह्न और

व्याकरण का उपयोग करना चाहिए। लेखक को मुख्य विचार के साथ-साथ, उप विचारों और उदाहरणों का पालन करना चाहिए। पाठक का ध्यान आकर्षित करने और उन्हें और पढ़ने के लिए प्रेरित करने के लिए सबसे पहले परोसा जाता है। लेखन के निष्कर्ष को पढ़ने के बाद, पाठक को पढ़ी गयी सामग्री से सन्तुष्टि महसूस होनी चाहिए।

स्पष्टता : लेखन से सन्देश को आमने–सामने या टेलीफोन, वार्तालाप की तुलना में ज्यादा स्पष्टता से पहुँचाया जा सकता है। अपने विचारों को स्पष्ट और संक्षिप्त रूप से व्यक्त करना।

तार्किकता : जानकारी को तार्किक और सुसंगत तरीके से व्यवस्थित रूप से लेखन करना

व्याकरण और विरामचिह्न : उचित व्याकरण और विरामचिह्न का प्रयोग करना उचित होता है।

संशोधन : शोध, योजना, रूपरेखा, सम्पादन, संशोधन आदि कौशलों को प्रयोग उचित रूप से करना अनिवार्य होता है। वर्तनी का सही इस्तेमाल करना उचित होता है। पाठकों को की महत्त्वपूर्ण विशेषताओं को लेकर सचेत करने वाला लेखन, होना आवश्यक होता है। साथ ही लेखन आकर्षक होना चाहिए।

उपरोक्त विशेषताओं से लेखन कौशल के संज्ञात्मक विकास को बढ़ावा मिलता है। अतीत घटनाओं को याद करने मे मद्द हो सकती है। लेखन कौशल, जीवन के कई क्षेत्रों में मददगार होता है। जैसे कि शैक्षणिक और व्यावसायिक सेटिंग्स, व्यक्तिगत संचार लेखने कौशल से अपनी बातों को लोगों तक सही तरीके से पहुँचाया जा सकता है। आदि लेखन कौशल की विशेषताएँ हो सकती है।

4

लेखन कौशल के प्रकार

4.1 फीचर लेखन

फीचर : स्वरूपगत अध्ययन

फीचर आधुनिक पत्रकारिता की नवीनतम विधा है। 'फीचर' Feature शब्द लैटिन के Factra से उत्पन्न हुआ है, जिसका अर्थ है–आँख, नाक, मुँह, आकृति या रूपरेखा आदि। इसे हिन्दी में कुछ विद्धानों ने 'रूपक' कहा है। यह शब्द काव्यशास्त्र के अलंकार दृश्य, काव्य और नाटक के अर्थ में रूढ़ हो चुका है, परन्तु आज इस विधा के लिए 'फीचर' यही शब्द अधिक व्यवहृत होता जा रहा है। जैसे रेडियो फीचर, फोटो फीचर, टेलीविजन फीचर आदि।

मीडिया के क्षेत्र में फीचर से तात्पर्य है, समाचारपत्रों में प्रकाशित विशिष्ट आलेख तथा आकाशवाणी एवं टेलीविजन से प्रसारित विशिष्ट कार्यक्रमों से है, जो हमें केवल जानकारी ही नहीं देते, बल्कि हमारे मन को मोहित एवं प्रभावित कर मनोरंजक पद्धति से ज्ञानवर्धन भी करते हैं। डेनियल आर. विलियम्स ने अपने ग्रन्थ 'फीचर राइटिंग फॉर न्यूज पेपर्स' में लिखा है, "फीचर ऐसा रचनात्मक तथा कुछ-कुछ स्वानुभूति मूलक लेख है जिसका गठन किसी घटना, स्थिति अथवा जीवन के किसी पक्ष के सम्बन्ध में पाठक का मूलत: मनोरंजन करने एवं सूचना देने के उद्‌देश्य से किया गया है।

हमारे परिवेश में क्या घट रहा है, इसे जानने की मनुष्य में हमेशा प्रवृत्ति रहती हैं। इस जिज्ञासापूर्ति के लिए वह समचार पढ़ता है, सुनता भी हैं। समाचारों की भाषा में कोई सौन्दर्य नहीं होता, वह सीधे सपाट बयानी शैली में दिये जाते हैं। सम्भवत: इस शैली में दी गयी जानकारी को पढ़ने या सुनने में व्यक्ति नीरसता दिखा सकता है। लेकिन फीचर सौन्दर्य से परिपूर्ण, कल्पक एवं रोचक शैली का आधार समाचार है, लेकिन फीचर समाचार नहीं है। फीचर लेखक अपनी कल्पनाशक्ति और लेखन

कौशल के बल पर समाचारों में निहित तथ्यों को कथात्मक रूप में प्रस्तुत करता है, जिससे पाठक या श्रोता प्रभावित हुए बिना नहीं रह पाता।

"किसी समसामयिक घटना, स्थिति, वस्तु एवं परिवेश के प्रति पाठकों की रुचि बढ़ाकर उनमें उत्सुकता की वृद्धि कर देना फीचर की मुख्य विशेषता होती है।" किसी घटना का मनोरम एवं विशुद्ध प्रस्तुतीकरण फीचर है। तथ्यों की प्रस्तुति के अतिरिक्त फीचर घटना या वस्तु-परिवेश के सम्बन्ध में उन सभी महत्त्वपूर्ण पहलुओं से हमें परिचय करता है या उन गूढ़ तथ्यों को प्रकाशित करता है, जिनकी ओर सामान्य पाठक का ध्यान नहीं जा पाता।

फीचर लेखक अपने ज्ञान का प्रदर्शन न करते हुए पाठकों के बौद्धिक स्तर को ध्यान में रखकर फीचर लिखता है। वह फीचर के लिए कुछ ऐसे विचार बिन्दुओं, शब्दों और मानव जीवन के मार्मिक प्रसंगों का चयन करता है, जिसे पढ़कर पाठक तरोताजा हो जाए। फीचर लेखक को अपना दिल और दिमाग दोनों का इस्तेमाल करना पड़ता है। फीचर लेखक अपने उद्देश्य के प्रति हमेशा सजग रहता है। "वह अपने दायित्व का निर्वाह करते हुए अपने व्यक्तित्व को लेखन पर हावी नहीं होने देता, फीचर में ही अपने व्यक्तित्व को छिपाकर अपना दु:ख, संवेदना, करुणा, दया आदि समाहित कर अपना कार्य प्रतिपादित करता है।" वास्तव में फीचर का मूल उद्देश्य किसी भी घटना या विषय के तथ्यों-सत्यों को पाठक को समझाना होता है। परन्तु फीचर में इस बात का पूरा-पूरा ध्यान रखा जाता है कि लेखन कहीं भी बोझिल न होने पाये और रोचकता सदैव बनी रहे।

मीडिया के क्षेत्र में फीचर विधा दिन-ब-दिन अत्यन्त लोकप्रिय हो रही है। पाठकों को मोहित एवं प्रभावित करने वाली यह विधा प्रिंट मीडिया तक ही सीमित नहीं है। रेडियो, टेलीविजन और इंटरनेट पर भी इसने धूम मचायी है। फीचर लेखन में रुचि लेने वालों की संख्या भी बढ़ रही है, चूँकि फीचर लेखन में लेखकों को आर्थिक लाभ के साथ-साथ सामाजिक प्रतिष्ठा भी मिलती है।

फीचर के माध्यम से व्यक्ति को अतीत, वर्तमान एवं भविष्य से सम्बन्धित महत्त्वपूर्ण, संक्षिप्त एवं सिलसिलेवार जानकारी प्राप्त होती है। इस सन्दर्भ में डॉ. संजीव भानावत अपनी किताब 'समाचार के सिद्धान्त और तकनीक' में लिखते हैं "फीचर वस्तुत: भावनाओं का सरस, मधुर और अनुभूतिपूर्ण वर्णन है। फीचर लेखक गौण है। वह एक माध्यम है, जो फीचर द्वारा पाठकों की जिज्ञासा, उत्सुकता और उत्कण्ठा को शान्त करता हुआ समाज की विभिन्न प्रवृत्ति का आकलन करता है। इस प्रकार फीचर में सामयिक तथ्यों का यथेच्छ समावेश तो होता ही है। साथ

ही वह अतीत की घटाओं तथा भविष्य की सम्भावनाओं से भी जुड़ा रहता है। समय की इसमें गूंजती है।"

संक्षेप में फीचर के स्वरूप के सम्बन्ध में कहा जाता है फीचर किसी घटना, विषय, वस्तु, व्यक्ति या स्थान के बारे में लिखा गया ऐसा विशिष्ट आलेख है, जो कल्पनाशीलता और सृजनात्मक कौशल के साथ मनोरंजक और आकर्षक शैली में प्रस्तुत किया जाता है। इसके लिए विषय की कोई सीमा नहीं है। दृश्य-अदृश्य जगत् के किसी भी इकाई पर फीचर लिखा जा सकता है। सरल भाषा और आकर्षक शैली में लिखे गये फीचर पाठक अथवा श्रोता को हमेशा आकर्षित करते हैं।

फीचर की परिभाषा

फीचर यह मीडिया जगत् की अधुनातन विधा है। "फीचर शब्द अंग्रेजी भाषा की देन है। जिसका अर्थ है 'आकृति', 'नखशिख', 'रूपरेखा', 'लक्षण' 'विशेषता' और 'व्यक्तित्व'।" लेकिन इससे समाचार जगत् में प्रयुक्त 'फीचर' शब्द का अर्थ पूर्ण रूप से व्यक्त नहीं होता। फीचर की कोई एक निश्चित परिभाषा नहीं दी जा सकती। उसमें निहित गुणों एवं विशेषताओं के आधार पर पाश्चात्य एवं भारतीय विद्वानों ने फीचर के सम्बन्ध में अपने विचार प्रस्तुत किये हैं–जिनका विवेचन निम्नांकित है—

जे.जे. सिडलर : "कोई भी घटना, जिसमें मनुष्यों की अभिरुचि हो, समाचार है, लेकिन समाचार से हटकर या समाचार रहित होकर जब कथात्मक रूप में अपने पाठकों का मनोरंजन करती है, तब वह फीचर है।"

बिलाई ब्लेयर : "फीचर में तथ्यों को मनोरंजक ढंग से प्रस्तुत किया जाता है। इसका मुख्य उद्देश्य होता है सामान्य पाठक का मनोरंजन करना अथवा उसकी जानकारी बढ़ाना।"

एल्मो स्कॉट वाटसन : "फीचर किसी भावना के इर्द-गिर्द चक्कर काटता है। समाचार को ऐसा रूप दिया जाता है कि वह और आकर्षक बने, पाठक का ध्यान खींचे और सामान्य पाठक की भावनाओं को छू जाये।"

जॉर्ज ए हग : "फीचर में सामान्यतः उसी प्रकार स्थितियों का विश्लेषण होता है, जिनका हम नित्यप्रति अनुभव करते हैं और किसी के जीवन में घटती या घट सकती है। उनके अनुसार फीचर यह याद दिलाता है कि हम सब समान अनुभव के भागीदार हैं।"

ब्रिसेन निकोल्स : "फीचर की कुंजी मनोभाव हैं। फीचर में क्रोध का प्रदर्शन, दया, हास्य-व्यंग्य का भाव प्रकट हो सकता है। इसमें घृणा भी प्रदर्शित हो सकती

है। फीचर में कुछ-न-कुछ प्रकट होना चाहिए, क्योंकि फीचर का बाकापन उसमें निहित भावुकता टीका में है।"

मधुकर गंगाधर : "फीचर लेख से छोटा, महाकाव्य में लिखी गयी ऐसी रचना होती है, जिसमें भाषा के चुटकीलेपन तथा विषय की विशिष्टता के कारण ऐसी सामग्री पाठक को मिल पाती है, जिसे पढ़कर पाठक का ज्ञानवर्धत और मनोरंजन होता है।"

रत्नेश्वर : "फीचर वह निबन्ध रचना है, जिसमें लेखक किसी भी समयानुकूल विषय पर मर्यादित आकार में विनोदपूर्ण एवं संगीतमय वाणी प्रदान कर अपने विचार प्रस्तुत करता है।"

डॉ. पृथ्वीपाल सिंह : "किसी रोचक विषय का मनोरंजक शैली में विस्तृत विवेचन ही फीचर है।"

डॉ. विजय कुलश्रेष्ठ : "फीचर एक ऐसा आलेख है, जो समाचार के परिपार्श्व में समाचाररहित, भावनायुक्त, सम्मोहक, वैचारिक क्षितिज मनोरंजनपरक संस्पर्श लिए हुए सरस एवं संक्षिप्त अभिव्यक्ति सम्पन्न होता है।"

खाडिलकर : "फीचर वे लेख हैं, जो पाठकों को यह बताते हैं कि वह घटना क्यों घटी तथा उसका परिणाम क्या होगा।"

उपरोक्त फीचर सम्बन्धी विभिन्न विद्वानों के विचारों के आधार पर फीचर को परिभाषित करते हुए कहा जा सकता है कि फीचर किसी भी समाचारपत्र-पत्रिका, रेडियो तथा टेलीविजन पर प्रसारित समसामयिक, ऐतिहासिक और ज्वलन्त समस्या से परिपूर्ण वह नवीन समाचार है, जो अत्यन्त रमणीय और मनोरंजक ढंग से थोड़े शब्दों में प्रस्तुत किया जाता है।

फीचर के विविध अंग

फीचर चाहे वह समाचार-पत्रिका में छपा हुआ हो या आकाशवाणी, दूरदर्शन तथा इंटरनेट से प्रसारित होता हो। इन सभी माध्यमों के लिए लिखित फीचर में कुछ बातें समान होती है। जिन्हें फीचर के आवश्यक अंग माना जाता है। सामान्यत: किसी भी फीचर के तीन भाग किये जाते हैं, जिन्हें हम उसके आवश्यक अंग कहते हैं। ये आवश्यक अंग हैं। प्रस्तावना या भूमिका (इंट्रो), मुख्य कलेवर और उपसंहार। तीन अंगों के साथ-साथ फीचर के शीर्षक का भी अपना विशेष महत्त्व होता है।

(1) शीर्षक : फीचर लेखन में शीर्षक का महत्त्वपूर्ण स्थान होता है। वस्तुत: शीर्षक थोड़े शब्दों का सम्मुचय है, जिसमें सम्पूर्ण फीचर का मूल कथ्य या भाव

हमारे सामने प्रकट हो जाता है। फीचर में क्या है? वह किस विषय की ओर संकेत करता है? और फीचर लेखक का विचार क्या है? यह शीर्षक से ही पता चलता है।

एक अच्छा शीर्षक फीचर के सौन्दर्य को ही नहीं बढ़ता, बल्कि उसके प्रभाव को भी बढ़ाता है। शीर्षक के सम्बन्ध में विद्यावाचस्पति ने कहा है, "शीर्षक का प्रारम्भ तो केवल लेख का विषय सूचित करने के लिए हुआ था, परन्तु धीरे-धीरे वे पाठ का ध्यान आकृष्ट करने, रुचि बढ़ाने और समाप्ति द्वारा परोक्ष रूप से लोकमत को प्रभावित करने में काम आने लगे हैं। अब तो शीर्षक बनाना स्वयं एक हुनर बन गया है।

फीचर के शीर्षक में मुख्यतः तीन उद्देश्य निहित होते हैं।

(1) फीचर के साथ कथ्य को उजागर करना।

(2) फीचर का सार प्रस्तुत करना।

(3) पाठक की इच्छाशक्ति जाग्रत करना।

उपरोक्त तीनों उद्दश्यों की पूर्ति करने वाला शीर्षक अपने आप में पूर्ण होता है। प्राय: सरल, संक्षिप्त, नाटकीय, गद्यात्मक, काव्यात्मक, आश्चर्यबोधक, सनसनीखेज, तुलनात्मक, उक्तिप्रधान, अनुप्रासी, प्रश्न-सूचक शीर्षक फीचर का आकर्षण बढ़ा देते हैं।" सामान्य शीर्षक फीचर को प्रभावहीन बना देते हैं। अत: कहा जा सकता है कि चाहे किसी भी माध्यम के लिए लिखे गये फीचर का शीर्षक ऐसा होना चाहिए, जो सम्पूर्ण फीचर का मूलभाव प्रकट कर सके। आर्कषक, नवीन, अपने आप में पूर्ण और कौतुहलपूर्णवर्धक शीर्षक पाठक अथवा श्रोता को अपनी ओर खींच लेता है।

(2) इंट्रो अथवा आमुख : फीचर का आरम्भ उसका प्राण तत्त्व कहलाता है। अंग्रेजी में इसे 'इंट्रोडक्शन' और संक्षेप में 'इंट्रो' कहा जाता है। फीचर के आरम्भ में ही कम-से-कम वाक्यों में रोचक ढंग से फीचर परिचय दिया जाता है। "इंट्रो में फीचर की कथावस्तु के सार को इस प्रकार प्रस्तुत किया जाता है कि फीचर में निहित समाचार से सम्बन्धित छह 'क' कारो का उत्तर उसमें समाविष्ट हो जाता है। फीचर की शुरुआत ही आकर्षक ढंग से की जाये तो पाठक को सम्पूर्ण फीचर पढ़ने या सुनने का मोह होता है। इंट्रो की नाटकीयता, मनोरंजकता, भावनात्मकता अथवा अलंकारिकता अनायास ही फीचर में सजीवता का संचार कर देती है। पाठक की जिज्ञासावृत्ति को जाग्रत करने वाले, प्रथम पंक्ति में ही पाठकों को आकृष्ठ करने वाले तथा फीचर के मूल उद्देश्यों को स्पष्ट करने वाले 'आमुख' ही श्रेष्ठ तथा स्तरीय माने जाते हैं।

फीचर लेखन में विषय की विविधता होती हैं, इसलिए फीचर लेखक भी अपनी कल्पनाशक्ति एवं शैली के आधार पर फीचर के इंट्रो में भी विषयानुकूल विभिन्नता का प्रयोग करता है। इसमें तथ्य का निष्कर्षणात्मक और महत्त्वपूर्ण अंश पाठक की सन्तुष्टि के लिए प्रभावशाली रूप में आना आवश्यक है। 'आमुख' के कई प्रकार होते हैं। जैसे–सारयुक्त, विशिष्ट घटनात्मक, दृष्टान्वित, लघुवाक्य, प्रश्नात्मक, प्रत्यक्ष भावान्वित, विरोधात्मक, सादृश्यमूलक, चित्रात्मक, नाट्यात्मक आदि। फीचर आमुक के बनाने के लिए विविध प्रकार हैं। अत: फीचर के आमुख के सन्दर्भ कहा जा सकता है कि फीचर का आरम्भ अपने आपमें पूर्ण, सन्तुलित, मूल विषय से जुड़ा हुआ हो तथा फीचर के किसी मार्मिक पक्ष का प्रतिपाद हो। असन्तुलित और असम्बद्ध आरम्भ महत्त्व हीन हो जाता है।

मध्य : फीचर के आरम्भ में विषय संकेत और महत्त्व को सार रूप देने के बाद विषय का सम्पूर्ण विकास फीचर के मध्य में होता है। फीचर की मूलसंवेदना या मूलभावना की गहराई में उतरने के लिए प्रोत्साहित हो जाता है। फीचर लेखक पाठकों को वैचारिक धरातल पर सन्तुष्ट करने के लिए फीचर के विवेचन, विश्लेषण या मध्य में अपने विचार या ज्ञानसामग्री को विभिन्न परिच्छेदों में लययुक्त, क्रमबद्धता की अनुरूपता में बताता है। इससे पाठक विषय में डूबने लगता है और विषय विश्लेषण से लाभान्वित होकर फीचर की आत्मा तक पहुँचता है। फीचर के मध्य में रखी जाने वाली सामग्री के सन्दर्भ में भी लेखक को ध्यान रखना पड़ता है कि फीचर के आमुख में जो विचार उठाये गये थे, उन्हीं विचारों के इर्द-गिर्द रहकर मूल कथ्य का विकास फीचर के मध्य होता है।

निष्कर्ष अथवा उपसंहार : इस भाग में फीचर लेखक किसी निष्कर्ष पर पहुँचता हुआ अपनी बात संक्षिप्त में कह देता है तथा पाठक की समस्त जिज्ञासाओं का समाधान करने का प्रयास करता है। यह आवश्यक है कि फीचर का निष्कर्ष समसामायिक और प्रभावी हो। फीचर के निष्कर्ष में लेखक पाठकों के लिए विचार सूत्र दे सकता है, सुझाव दे सकता है, कोई प्रश्न छोड़ सकता है, जो पाठकों को सोचने के लिए बाध्य करे तथा ऐसे प्रश्न छोड़ सकता है, जिनके उत्तर पाठक तलाशे। प्रस्तुति ढंग और वाक्यविन्यास शैली यहाँ विशेष महत्त्व रखती है। अत: कहा जा सकता है कि जिस प्रकार फीचर का आरम्भ सशक्त ढंग से किया जाता है उसी प्रकार समापन या उपसंहार उतना सशक्त रूप में होना चाहिए।

भाषा शैली : फीचर लेखन के लिए जितना विषय चयन का महत्त्व होता है, उतना ही उस विषय को न्याय देने के लिए गम्भीरता एवं निष्ठा के साथ अभिव्यक्ति

हो, इसकी ओर भी ध्यान दिया जाता है। फीचर में विषय के अनुकूल शब्दों का चयन अत्यन्त महत्त्वपूर्ण माना जाता है। कोई भी विषय भाषा की ताकत से ही जीवन्त बन पाता है।

उपरोक्त विभिन्न तत्त्वों को मिलकर ही फीचर एक सर्वोत्कृष्ट रूप लेता है। इनमें से किसी एक का अभाव फीचर को विकृत बना सकता है। इसलिए विभिन्न तत्त्वों का समन्वित रूप फीचर के सौन्दर्य में वृद्धि कर उसे पठनीय बनाने में महत्त्वपूर्ण भूमिका निभाता है।

फीचर के गुण और लक्षण

फीचर लेखन समाचार या लेख नहीं होता। वह पाठक, श्रोता और दर्शकों को समसामायिक घटना, स्थिति, वस्तु एवं परिवेश के प्रति रुचि बढ़ाकर उसमें उत्सुकता और जिज्ञासा की वृद्धि कर उन्हें घटना के विभिन्न पहलुओं से अवगत कराते हैं। फीचर तथ्यों को यथातथ्य रूप में नहीं रखता। वह समाचार के पीछे के समाचार का रहस्योद्‌घाटन करता है, जिनकी ओर सामान्य पाठक का ध्यान नहीं जा पाता। अन्वेषण तथा विश्वासनीय साक्ष्यों से अपने कथ्य को पुष्टि करती यह विधा घटनाओं द्वारा जनता पर होने वाले प्रभाव का पूर्वानुमान भी करती है, तो सम्भावित परिणामों की ओर भी ध्यानाकर्षित करती चलती है। इन्हीं सब उपलब्धियों से पाठक की भावनात्मक सन्तुष्टि होती है और वह आकर्षित तथा प्रभावित भी होता है। तथ्यों का रोचक पद्धति से विश्लेषण, भावों और कल्पना का सम्मिश्रण, तर्कसंगतता, सहजता आदि कौशलपूर्ण निर्वाहकर एक अच्छा फीचर तैयार किया जाता है। इसके अतिरिक्त एक उत्कृष्ट फीचर के गुण एवं लक्षण इस प्रकार है।

(1) गम्भीरता एवं रोचलुता : फीचर पत्रकारिता का एक अत्यन्त उद्‌देश्यपूर्ण अंग है। फीचर के माध्यम से जनसामान्य के सम्मुख एक गम्भीर विषय का विश्लेषण करते हुए उसके अच्छे-बुरे पक्षों को तटस्थता से प्रस्तुत किया जाता है। इसलिए फीचर लेखन जितना रोचक होना चाहिए, उससे अधिक गम्भीर भी चाहिए। गम्भीरता से तात्पर्य यहाँ बोझिल होने से नहीं है। अगर गम्भीरता के प्रयास में बोझिल बना दिया गया तो उद्‌देश्य की हत्या होगी। रोचकता फीचर को जीवन्त रखने वाली महत्त्वपूर्ण विशेषता है।

(2) संक्षिप्तता : संक्षिप्तता फीचर का प्राणतत्त्व है। फीचर अगर बहुत लम्बा या बड़ा होगा तो वह पाठक अथवा श्रोता में नीरसता उत्पन्न कर सकता है। वैसे तो फीचर का आकार निश्चित नहीं होता फिर भी "आदर्श फीचर की लम्बाई अधिक

से अधिक पाँच-छह सौ शब्दों की मानी गयी है।" 'गागर में सागर' भरते हुए फीचर सहज एवं सरल ढंग से प्रस्तुत करना चाहिए। फीचर लेखक और पाठक भाव-प्रवाह में अखण्डता एवं तारतम्यता बनी रहे तथा पाठक पूर्ण किये बिना न छोड़े, यही उसकी सफलता का प्रमाण है।

(3) उद्देश्यपूर्णता : प्रत्येक सृजन का कोई-न-कोई प्रयोजन होता है। फीचर भी विशिष्ट उद्देश्य को सामने रखकर ही लिखे जाते हैं। फीचर लेखक पाठकों पर समाचार थोपता नहीं, अपितु वह उन सभी समसामयिक घटनाओं का विवेचन मनोरंजक पद्धति से करता है। जो समाज कल्याण एवं जनहित से जुड़ी हो। इसलिए पाठकों एवं दर्शकों के लिए एक उद्देश्यपूर्ण फीचर अत्यन्त महत्त्वपूर्ण तथा मूल्यवान होता है, चूँकि फीचर में समाज को एक नयी दिशा अथवा नये विचार देने की क्षमता होती है।

(4) मानवी संवेदना एवं भावनाओं की अभिव्यक्ति : भावनात्मक संस्पर्श फीचर लेखन की अनिवार्यता है। पाठक केवल समाचार अथवा जानकारी से उतना प्रभावित नहीं होता, जितना मानवीय भाव-भावनाओं, संवेदनाओं एवं संवेदनाओं की अभिव्यक्ति से होता है। किसी भी अच्छे फीचर को पढ़ने के बाद पाठक को किसी-न-किसी तरह का सन्तोष प्राप्त होता है, जो मनोरंजन, जानकारी अथवा शिक्षा के रूप में हो सकता है। सम्भवतः इन बातों को ही दृष्टिपथ में रखकर फीचर लेखक अपनी आँख, कान, भावों, अनुभूतियों, मनोवेगों और अन्वेषणों का सहारा लेकर उसे रुचिकर, आकर्षक और हृदयग्राही बनाता है। वास्तव में सच तो यह है कि मानवीय भावना के बिना कोई भी लेखन पाठक की संवेदना को जाग्रत नहीं कर सकता, न लोकप्रियता प्राप्त कर सकता है।

(5) जिज्ञासा जाग्रत करना : सर्वोत्कृष्ट फीचर वही कहलाता है, जिसे पढ़कर पाठक के मन में निज्ञासा उत्पन्न हो अर्थात् फीचर को पढ़ते हुए उसकी प्यास भी कुछ-न-कुछ जानने के लिए बढ़ती रहनी चाहिए और साथ ही वह बुझली भी रहनी चाहिए। पाठक जब भी कोई फीचर पढ़ता है, तो उसके दिमाग में अलग-अलग प्रश्न उपस्थित होते हैं, जिनके उत्तर वह जानना चाहता है। अतः कहा जा सकता है कि अच्छा फीचर वही है, जिसे पढ़ते समय पाठकों के मन में प्रश्न भी उत्पन्न हो और आगे पढ़ते समय उसका जवाब भी उसे मिल जाये।

(6) कल्पनात्मकला : फीचर का मुख्य उद्देश्य पाठकों का मनोरंजन होता है और कुछ नया अनुभव प्रदान करना होता है। इसलिए लेखक अपने भावों, अनुभवों आदि के आधार पर विभिन्न तरह से कल्पना कर विवेचित विषय को पाठकों तक

पहुँचाता है। फीचर में कल्पना का अंश अवश्य होता है। लेकिन वह कल्पना निराधार नहीं होना चाहिए।

(7) मौलिकता : फीचर लेखन में मौलिकता का विशेष स्थान है। इसमें मौलिकता विषय सम्बन्धी तथ्यों की खोज-बीन, जाँच-पड़ताल तथा परख विश्लेषण से लेकर उसकी प्रस्तुति तक विद्यमान रहती हैं। लेखक का अन्दाज उसके दृष्टिकोण एवं अभिव्यक्ति को रेखांकित कर उसे भीड़ से अलग कर देता है। विवेच्य बिन्दु को अपनी एक खास शैली में ढालकर विवेचित करना तथा पूर्व प्रचलित धारणाओं की नये-नये तथ्यों एवं जानकारियों के परिप्रेक्ष्य में परीक्षा करना फीचर लेखक की मौलिकता का परिचायक बनता है। मौलिकता के अभाव में फीचर को पल्लव विहीन वृक्ष ही समझा जा सकता है।

(8) सत्यता एवं विश्वासनीयता : सत्य की अभिव्यक्ति ही फीचर का लक्ष्य होता है। प्रामाणिकता, विश्वासनीयता एवं दायित्वपूर्ण गम्भीरता में फीचर के प्राणतत्त्व होते हैं। सभी प्रकार की प्रामाणिक जानकारियों, सन्दर्भों एवं तथ्यों को फीचर में इस रूप में प्रस्तुत करना चाहिए कि उनकी यथार्थता पर कहीं भी सन्देह के लिए स्थान न हो।

फीचर में प्रस्तुत सत्य एवं तथ्य ऐसा होना चाहिए जो पाठकों के मानसिक स्तर के अनुरूप हो, समसामायिक हो, उसकी तर्क-वितर्क क्षमता की परिधि के अन्तर्गत आता हो। ऐसा फीचर कभी भी लोकप्रिय नहीं हो सकता, जो पाठक की समझ से परे हो, उसमें कल्पना की असीमित उड़ान हो, जो सत्य से बहुत दूर हो। अत: कहा जा सकता है कि आधारहीन बात पाठक के मन में विश्वास उत्पन्न नहीं कर सकती। लेखक जब आत्मविश्वास के साथ विश्वास की शैली में फीचर लिखेगा तो निश्चित रूप से पाठक के मन में वह विश्वास उत्पन्न करेगा।

(9) शीर्षक की सटीकता : सटीक शीर्षक फीचर को अधिक रुचिकर एवं आकर्षक बनाता है। शीर्षक ऐसा होना चाहिए, जिसे पढ़ते ही पाठक के भीतर उसे तत्काल पढ़ने और पूरे घटना विवरण को जानने की उत्कट इच्छा होनी चाहिए। शीर्षक फीचर का प्रतिबिम्ब होता है। इसलिए वह अत्यन्त सटीक, उपयुक्त, सारगर्भित और संक्षिप्त होना चाहिए। पूरे सन्दर्भ के केन्द्रीय भाव को हृदयंगम करने वाला शीर्षक फीचर में चार-चाँद लगा देता है। फीचर का शीर्षक विषयानुरूप, व्यंग्यात्मक, सारात्मक, परिचयात्मक अथवा भावात्मक भी हो सकता है।

(10) भाषा-शैली : फीचर की उद्‌देश्य पूर्ति के लिए फीचर की भाषा सरल, सहज और बोधगम्य होना आवश्यक है। फीचर में विषयानुरूप भाषा एवं यथाप्रसंग

लोकोक्तियाँ, मुहावरों का प्रयोग संयुक्तिक माना जाता है। इसी प्रकार उन्मुक्त एवं सादगीपूर्ण शैली के प्रयोग से फीचर और भी अधिक प्रभावकारी बनता है।

फीचर में प्रयुक्त वाक्य छोटे और सुगठित होने चाहिए। कठिन वाक्य रचना एवं बड़े-बड़े भारी शब्दों के बजाय सीधे एवं नाटकीय ढंग से की गयी फीचर की संरचना अधिक प्रभावपूर्ण हो सकती है। अतः कहा जा सकता है कि विषय प्रस्तुति के लिए अपनायी गयी भाषा एवं शैली से ही फीचर लेखक की बौद्धिक क्षमता एवं अभिव्यक्ति कौशल का भी ज्ञान होता है।

4.2 वृत्तान्त लेखन

प्रस्तावना

आधुनिक युग संगणक युग हैं। इस युग में जनसंचार माध्यमों की अत्याधिक गतिशीलता है। इलेक्ट्रॉनिक माध्यमों की विभिन्न सेवा एवं सुविधाओं के कारण इनकी संख्या दिन-ब-दिन बढ़ती ही जा रही है। इसके बावजूद मुद्रित माध्यमों का असर एवं महत्त्व रत्ती भर भी कम नहीं हुआ है। विश्व के हर एक कोने में घटित घटनाओं एवं समाचारों के सम्बन्ध में जानने के लिए, पढ़ने के लिए सब उत्सुक होते हैं। अतः वृत्तान्त लेखन करने की अपनी प्रविधि होती है।

मानव हमेशा ही जिज्ञासु प्रवृत्ति का रहा है। यह बात जानकारी देने तथा पाने की सहज मानवीय प्रवृत्ति से युक्त है। जानकारी देने की प्रणाली को आज दुनिया भर में 'वृत्तान्त लेखन' कहा जाता है। आज के संगणक युगमे 'वृत्तान्त लेखन' की कला काफी महत्त्वपूर्ण एवं विकसित हो गयी है। वृत्तान्त लेखन में अनेक बातों के सम्बन्ध में सावधानी बरती जाती है। विभिन्न जानकारियों, विषयों, गतिविधियों, सूचनाओं एवं विज्ञापनों को कम-से-कम शब्दों में प्रभावशाली ढंग में पाठकों तक पहुँचाना 'वृत्तान्त लेखन' का मूल उद्देश्य है।

'वृत्तान्त लेखन' कला के क्षेत्र में आता है। यह इसमें रोचकता, ज्ञान, जिज्ञासा, जानकारी आदि बातों का मिश्रण रहता है। विभिन्न विषयों, क्षेत्रों, स्थानों, गतिविधियों एवं सूचनाओं सूचनाओं को संक्षिप्त, रोचक एवं प्रभावशाली ढंग से लोगों तक पहुँचाना वृत्तान्त लेखन का प्रमुख कार्य माना जाता है।

वृत्तान्त लेखन का स्वरूप, परिभाषाएँ और व्याप्ति

वृत्तान्त लेखन को कई अन्य नामों से जाना जाता है, जैसे समाचार लेखन, रिपोर्ताज

आदि। वृत्तान्त लेखन के स्वरूप को विद्वानों एवं प्रसिद्ध पत्रकारों ने अपनी दृष्टि से पारिभाषित करने का प्रयास किया हैं। जैसे–

(1) लैदर वुड : किसी घटना, स्थिति, अवस्था अथवा मत का सही-सही और समय पर प्रस्तुत किया गया विवरण समाचार है।

(2) जॉर्ज एच. मौरिस : समाचार जल्दी में लिखा गया इतिहास है।

(3) प्रो. किलाई ब्लेयर : अनेक व्यक्तियों की अभिरुचि जिस सामाजिक बात से होती है, वह समाचार है।

(4) डॉ. एस. लाइले स्पेंसर : वह सत्य घटना या विचार, जिसमें बहुसंख्य पाठकों की अभिरुचि हो, वह समाचार कहलाता है।

(5) इरी सी हापवुड : उन महत्त्वपूर्ण घटनाओं की पहली रिपोर्ट को समाचार कह सकते हैं, जिसमें जनता की दिलचस्पी हो।

(6) अम्बिका प्रसाद वाजपेयी : हर घटना समाचार नहीं है। केवल वही घटना समाचार बन सकती है, जिसका सार्वजनिक महत्त्व हो।

(7) चिल्ड्रन बुश : समाचार सामान्यत: वह उत्तेजक सूचना है, जिससे कोई व्यक्ति चमत्कृत हो सकता है।

(8) रामचन्द्रराव खण्डेलकर : दिन में कहीं भी, किसी समय कोई छोटी-मोटी घटना या परिवर्तन हो, उसका शब्दों में जो वर्णन होगा, वह समाचार कहलाता है।

(9) एम. चलपतिराव : वह सब कुछ जिससे आप कल तक अनजान से थे, वह समाचार होता है।

ब्रिटेन के प्रख्यात पत्र 'मानचेस्टर गार्जियन' के अनुसार समाचार किसी अनोखी या साधारण घटना की उस अविलम्ब सूचना को कहते हैं, जिनके बारे में लोग प्राय: पहले से कुछ जानते हों, लेकिन जिसे तुरन्त जानने की रुचि अधिक-से-अधिक लोगों में हो।

हिन्दी 'समाचार' शब्द व्यवहारात: अंग्रेजी के न्यूज (News) शब्द का पर्याय है। शब्द के चारों अक्षर चार दिशाओं के सूचक हैं–North (उत्तर) East (पूर्व) West (पश्चिम) और South (दक्षिण) का संकेत देते हैं। इसका तात्पर्य है कि उत्तर, पूर्व, पश्चिम और दक्षिण किसी भी दिशा में अर्थात् सम्पूर्ण भूमण्डल में घटित घटना या सूचना समाचार का विषय होता है। कुछ विद्वानों के विचारों के अनुसार अंग्रेजी का News शब्द लैटिन के 'नोवा' और संस्कृत के 'नव' शब्द से बना है।

'न्यू', 'नोवा' और 'नव' तीनों शब्दों का अर्थ है 'नवीन' जिससे आशय मिलता है कि 'समाचार' वह है, जो नवीन है। विश्व के सभी देशों के कोने से समाचार देने का प्रयास होता है।

वृत्तान्त के तत्त्व

प्रसिद्ध पाश्चात्य पत्रकार किपलिंग ने समाचार पत्र में छपने योग्य अर्थात् सर्वसाधारण के लिए पठनीय समाचार में छह तत्त्वों का समवेश अनिवार्य माना है। उन्होंने अंग्रेजी में उसे पाँच 'डब्ल्यू' और एक 'एच' कहा है

(1) क्या (what) क्या हुआ?

(2) कहाँ (where) कहाँ की घटना है, स्थान या देश से सम्बन्धित?

(3) कब (when) समाचार किस समय, किस दिन का है?

(4) कौन (who) घटना से सम्बन्ध रखने वाला व्यक्ति, विषय?

(5) क्यों (why) समाचार का कारण तथा स्थिति।

(6) कैसे (How) पूरा विवरण।

ऊपर दिये हुए छह प्रकार 'समाचार' के प्रमुख तत्त्व हैं। इन छह प्रश्नों का समाधान ही सही रूप में 'समाचार' कहा जाता है। हर समाचार इन छह बिन्दुओं से जुड़ा होता है। संवाद लेखक के सामने समाचार में सजीवता लाने का काम आवश्यक होता है। इसके प्रारम्भिक वाक्यों से घटना के प्रति पाठकों के मन में उत्सुकता पैदा होती है। यह उत्सुकता बढ़ाने के लिए समाचार की रूपरेखा को किस प्रकार प्रस्तुत किया जाये, इस पर विचार करना चाहिए। सामान्य घटना से सम्बन्धित क्या, कहाँ, कब, किसने, क्यों, कैसे आदि की जानकारी पाठकों को कराने की परम्परा समाचारों का सूत्रपात करने से जुड़ी हुई है।

वित्तान्त लेखन के विविध सोपान

वृत्तान्त लेखन के अन्तर्गत विभिन्न सोपानों का ध्यान रखना आवश्य होता है। इन सोपानों के सिवाय वृत्तान्त लेखन सम्भव नहीं होता।

(1) शीर्षक—पाठकों का ध्यान आकर्षित करने वाला शीर्षक होना चाहिए, क्योंकि समाचार की सफलता 'शीर्षक' पर ही निर्भर होती है। कम-से-कम शब्दों में सीमित रूप में शीर्षक होना चाहिए। सरल, स्पष्ट परन्तु संक्षेप में शीर्षक हो। शीर्षक पढ़ने ने बाद ही पाठक वृत्तान्त पढ़ने के लिए प्रेरित होते हैं।

(2) स्थल—वृत्तान्त में स्थल, काल एवं व्यक्ति का उल्लेख होना चाहिए। काई नेता एवं प्रसिद्ध व्यक्ति का सन्दर्भ होने पर उनके नाम का उल्लेख करना

उसमें आवश्यक है। अत: उनका नाम महत्त्वपूर्ण लगना आवश्यक है। कभी-कभी शीर्षक छोटा देकर उसमें उस महत्त्वपूर्ण व्यक्ति के नाम का उल्लेख अनिवार्य रूप में होना चाहिए।

(3) विवरण—वृत्तान्त का विवेचन एक-दो पंक्तियों में देना चाहिए। प्रमुख अतिथि का विधान, प्रमुख अतिथि कहाँ, किस सभा/समारोह में, किस कारण से बोल रहे थे, समारोह का अध्यक्ष कौन था, अन्य अतिथि आदि का विवरण देना चाहिए। पाठकों की शंकाओं का समाधान करने वाला विवरण हो।

(4) वस्तुनिष्ठता—समाचार वस्तुनिष्ठता के साथ लिखा जाना चाहिए। जिस प्रकार से घटना घटित हुई है, उसी प्रकार वृत्तान्त लिखना चाहिए। संवाददाता के अपने मतों की यहाँ कोई गुंजाइश नहीं होती। किसी समाचार का गलत रूप न देकर जैसे घटना घटित हुई है, वैसा ही समाचार होना चाहिए।

(5) भाषा—वृत्तान्त लेखन की भाषा सीधी, सरल, स्पष्ट एवं आसान होनी चाहिए। सामान्य पाठकों की समझ में आने वाली भाषा का प्रयोग करना चाहिए। क्लिष्ट शब्दों का प्रयोग न के बराबर हो। वाक्य रचना स्तरीय हो।

समाचार एवं वृत्तान्त की भाषा सरल बोध गम्य होनी चाहिए। इसमें अलंकारिकता एवं जटिलता न हो। ललित एवं अलंकारिक भाषा का प्रयोग इसमें नहीं करना चाहिए। अनावश्यक शब्दों की यहाँ अपेक्षा नहीं होती। समाचार एवं वृत्तान्त की भाषा व्याकरण के नियमों के अनुसार होनी चाहिए। वृत्तान्त लेखन के समय व्याकरण के नियमों का पालन हर हाल में करना चाहिए। शब्दों का स्थान, पदक्रम आदि के बदलाव से गलत अर्थ निकलने की सम्भावना होती है।

किसी व्यक्ति, संस्था आदि की बदनामी करने वाला वृत्तान्त नहीं होना चाहिए। वृत्तान्त की वाक्य रचना का आधार सत्यता होनी चाहिए। असत्य बातों के लिए वृत्तान्त में कोई स्थान नहीं होता। समाचार लेखन के समय बलात्कार, तलाक आदि समाचारों के लेखन में संयम एवं मर्यादा का पालन होना चाहिए। जो लिखना है, उसके सम्बन्ध में पहले विचारपूर्वक निर्णय लेना चाहिए। सभी वर्ग एवं स्तर के पाठकों के सम्बन्ध में सोचकर लेखन करना चाहिए।

(6) मुद्रण तन्त्र—वृत्तान्त लेखन के समान ही उसकी रचना को महत्त्व दिया जाता है। मुद्रण तन्त्र आज बहुत विकसित हो गया है। मुद्रण की विशेषतओं की सहायता लेकर वृत्तान्त की पठनीयता को बढ़ाया जा सकता है। वृत्तान्त अत्यन्त लाक्षणिक ढंग से प्रस्तुत करने के लिए कौन से आकार के मुद्राक्षरों का प्रयोग करना चाहिए, यह जानकारी उसे होनी चाहिए। दो मुद्राक्षरों के बीच कितनी (Space)

जगह होनी चाहिए, यह भी उसे करना चाहिए।

वृत्तान्त लेखन में सबसे महत्त्वपूर्ण घटना सबसे पहले देनी चाहिए। बाद में उसका स्पष्टिकरण हो। प्रथम शीर्षक, उसके बाद सबसे महत् घटना एवं उसके बाद कम महत्त्वपूर्ण घटना का विवरण होना चाहि अन्त में सबसे कम महत्त्वपूर्ण हिस्सा होना चाहिए। जो जगह के अभाव वहाँ से निकाला भी जा सकता है। इस प्रकार वृत्तान्त का ढाँचा होनाच

वृत्तान्त लेखन के गुण

(1) सत्यता— वृत्तान्त इस प्रकार लिखा जाये कि उसकी सत्यता प्रमाणित हो यदि समाचार किसी घटना मात्र से सम्बन्धित है, तो उसमें विवरण सही होना चाहिए। घटनाक्रम, उसका विवरण, व्यक्ति का सम्बन्ध आदि वाले वास्तविक एवं क्रमिकता से आनी चाहिए। ज्यों-का-त्यों वर्णन कर अपनी ओर से न कुछ छोड़ना चाहिए, न ही कुछ जोड़ना चाहिए। झूठ-मूठ की बातों के लिए यहाँ कोई स्थान नहीं होता। ख़ुशामद करने का प्रयास वृत्तान्त में नहीं होना चाहिए।

(2) रोचकता— वृत्तान्त में आने वाली घटनाएँ विभिन्न प्रकार की होती हैं। खून-खराबा, मारपीट, लूटमार आदि वृत्तान्त की संख्या अधिक होती है। लेखनकर्ता को चाहिए कि वृत्तान्त की भाषा शिष्टाचार से युक्त हो। सभ्य समाज के सामने जाने वाला वृत्तान्त रोचक एवं स्वाभाविक शैली में लिखा चाहिए।

(3) संक्षिप्लता— इस बात का ध्यान रखना अनिवार्य है कि वृत्तान्त केवल वृत्तान्त हो वह लेख न हो अर्थात् वृत्तान्त का आशय यदि विवरण द्वारा स्पष्ट किया जाये तो भी वह संक्षेप में किया जाये। संक्षिप्त वृत्तान्त बड़े प्रभावशाली होते हैं। वृत्तान्त स्तर के अनुसार संक्षेप में प्रस्तुत करना एक कसौटी होती है, जिसका ध्यान लेखनकर्ता को रखना चाहिए।

(4) लोककल्याण की भावना— लोक कल्याण की भावना वृत्तान्त में होनी चाहिए। समाज का हित ध्यान में रखकर वृत्तान्त लिखना चाहिए। समाज के किसी भी वर्ग के प्रति भेदभाव एवं हीनता भाव न रखकर उनका सम्मान एवं आदर की भावना का उल्लेख होना चाहिए।

(5) स्पष्टता— वृत्तान्त स्पष्ट होने चाहिए। किसी भी प्रक़ार का भ्रम पैदा न हो वृत्तान्त लेखन होना चाहिए। द्विअर्थी, अस्पष्ट और भ्रामक वृत्तान्त नहीं लिखना चाहिए। असमंजस में डालने वाली भाषा का प्रयोग न हो।

(6) नवीनता— घटी हुई घटना को नये पन के साथ प्रस्तुत करना चाहिए।

नयी बात एवं घटना को पाठक चाव से पढ़ते हैं। अन्तिम बात पढ़ने की उत्सुकता की तृप्ति वृत्तान्त में छिपी न्यूनता से ही सम्भव होती है।

(7) वस्तुनिष्ठता— घटित घटना को वस्तुनिष्ठ रूप में प्रस्तुत करना चाहिए। वृत्तान्त की भाषा तथा शैली ऐसी होनी चाहिए कि वह उसके केन्द्रबिन्दु अर्थात् वृत्तान्त के चरमोत्कर्ष पाठक को प्रभावित करने वाले होने चाहिए। उसमें वस्तुपरकता कैसी रखी जाये, यह वृत्तान्त लेखक के लेखन अनुभव की बात है।

(8) सम्पूर्णता— घटना से जुड़े हुए हर एक पहलू को वृत्तान्त लेखन में लाना चाहिए। संक्षिप्तता के मोह में पड़कर हम सम्पूर्णता की अनदेखी करते हैं, अत घटना का हर पहलू, हिस्सा वृत्तान्त में आना चाहिए।

(9) भाषा शैली— वृत्तान्त लेखन की भाषा सरल, आसान, पठनीय एवं प्रवाहात्मक होनी चाहिए। आकर्षक भाषा में लिखे गये वृत्तान्त पाठकों का ध्यान आकर्षित करने में सफल होते हैं। अत: भाषा अलंकारिक न हो।

(10) घटनाओं का औचित्य— वृत्तान्त में घटनाओं का औचित्य खोजना पड़ता है। जैसे–हैजे से मरे किसी व्यक्ति की मृत्यु का समाचार नहीं होता, लेकिन व्यक्तियों का हैजे से मरना वृत्तान्त हो सकता है। भिखारी की लॉटरी निकलना वृत्तान्त हो सकता है। अत: उचित घटनाओं का समावेश वृत्तान्त में करना चाहिए।

वृत्तान्त लेखन विधि

वृत्तान्त लेखन में घटनाओं की क्रमिकता से विश्लेषण होना चाहिए। साथ ही तथ्यात्मकता पर भी ध्यान देना चाहिए। वृत्तान्त सुव्यवस्थित रूप में पाठकों के सामने प्रस्तुत हो। इसमें शुष्कता नहीं, इसलिए थोड़ी काल्पनिकता भी आवश्य वृत्तान्त लेखन विधि में शीर्षक, आमुख, विवरण आदि बातों का समावेश होता है।

(1) शीर्षक— वृत्तान्त में सबसे पहले पाठकों की नज़र शीर्षक पर जाती है। शीर्षक आर्कषक एवं कुतुहल बढ़ाने वाला होना चाहिए। वृत्तान्त किस बात का महत्त्व है, उसके अनुसार शीर्षक छोटा, बड़ा होना चाहिए। शीर्षक प्रतीकात्मक एवं कलात्मक हो तभी वह पाठकों पर प्रभाव डालता है। शीर्षक विषय के अनुसार हो। शीर्षक का स्वरूप बहुत ही महत्त्वपूर्ण होता है। पाठकों के मन में जिज्ञासा उत्पन्न करने वाला शीर्षक हो।

(2) आमुख— किसी की जानकारी को सुव्यवस्थित रूप से पाठकों तक पहुँचाना वृत्तान्त लेखक का काम है। वृत्तान्त लेखन के बारे में पारिभाषिक शब्द प्रचलित है। जैसे–'इन्द्रो' यह शब्द 'इंट्रोडक्शन' का संक्षिप्त रूप है। इसका तात्पर्य विषय प्रवेश।

हिन्दी में इसे आमुख कहते हैं। इसमें पहले पहले-पहले कुछ ऐसी पंक्तियाँ हों, उससे विषय का अनुमान तो लग ही जाये। साथ ही आगे की जानकारी पाने की इच्छा पाठकों के मन में जाग्रत हो। इसे वृत्तान्त की पृष्ठभूमि भी कहा जाता है।

(3) विवरण—'विवरण' से तात्पर्य है विषयवस्तु। जिसका प्रस्तुतीकरण विचार से अलग-अलग अनुच्छेदों के माध्यम से किया जाता है। वृत्तान्त का विवरण समाचार के अनुकूल, गम्भीर या हास्य-व्यंग्य के पुट से युक्त होना चाहिए। एक ही वृत्तान्त में अगर समान महत्त्व वाले कई तथ्य मिलते हों, तो उन्हें महत्त्व की दृष्टि से अलग-अलग अनुच्छेदों में रोचक ढंग से प्रस्तुत करना चाहिए।

4.3 स्तम्भ लेखन

प्रस्तावना

समाचार पत्र और पत्रिकाओं का मुख्य काम लोगों को तात्कालिक घटनाक्रम से लेकर समसामयिक विषयों और मुद्दों को बारे में सूचनाएँ देना है। लेकिन साथ ही वे पाठकों को जागरूक बनाना और उनका मनोरंजन का दायित्व भी निभाते हैं। इसमें कोई दो राय नहीं है कि पाठक समाचार मीडिया के विस्तार और पाठकों की बदलती रुचि के साथ समाचार पत्रों और पत्रिकाओं से समाचार/रिपोर्ट से अन्य सामग्री, खासकर स्तम्भ लेखन की काफी माँग बढ़ी है।

समाचार पत्र के लिए लेखन का अभिप्राय

समाचार पत्र और पत्रिकाओं के लिए लेखन शुरू करने से पहले यह जानना बहुत जरूरी है कि इस तरह के लिए लेखन का अभिप्राय क्या है? दरअसल, समाचार पत्रों के लिए लेखन साहित्यिक लेखन से अलग होता है। इसकी वजह यह है कि समाचार पत्रों का मुख्य उद्देश्य हजारों/लाखों पाठकों तक सूचनाएँ और समाचार पहुँचाना होता है। समाचार पत्रों के पाठकों में भी सभी तरह के लोग होते हैं–उच्च शिक्षा प्राप्त पाठकों से लेकर सामान्य साक्षर पाठकों तक, ग्रामीण से लेकर शहरी तक, युवा से वृद्ध और अमीर से लेकर गरीब तक। सबकी रुचियों, जरूरतों और जानकारी का स्तर अलग-अलग होता है और समाचार पत्रों को अपने सभी पाठकों बराबर ध्यान रखना पड़ता है।

कोई भी समाचार पत्र या पत्रिका अपने पाठकों की उपेक्षा कर जीवित नहीं रह सकती हैं। इसलिए उन्हें अपनी प्रकाशित सामग्री की लेखन शैली, भाषा और प्रस्तुति में इस बात का खास ध्यान रखना पड़ता है कि वह आसानी से सबकी समझ में आ सके। यही कारण है कि जहाँ साहित्य में 'स्वान्तः सुखाय' (सिर्फ अपनी खुशी के लिए) लेखन की छूट है, जबकि पत्रकारीय लेखन में सभी पाठकों की खुशी का ध्यान रखना पड़ता है। पत्रकार बनने या समाचार पत्रों में लिखने की इच्छा रखने वाले लेखकों को यह बात हमेशा याद रखनी चाहिए कि वे अपने लिए नहीं, बल्कि अपने पाठकों के लिए लिख रहे हैं।

इसलिए यह बहुत जरूरी है कि लेखन शैली के बारे में विचार से पहले यह अच्छी तरह से समझ लिया जाये कि आपका या आपके समाचार पत्र का लक्षित पाठक वर्ग कौन है? इस पाठक वर्ग की रुचियों, जरूरतों और अपेक्षाओं को समझने के साथ-साथ उसकी सामाजिक-आर्थिक-शैक्षिक पृष्ठभूमि के बारे में पता होने पर आपको अपनी लेखन-शैली को उसी अनुरूप ढालने में काफी मदद मिलेगी। इसी से जुड़ी हुई बात यह है कि हर समाचार पत्र/पत्रिका अपने लक्षित पाठक वर्ग के अनुसार ही अपने लेखन और भाषा शैली और प्रस्तुतीकरण का निर्धारण करता है। अब बात रही समाचार पत्रों में प्रकाशित सामग्री की तो यह सामग्री तीन हिस्सों में बाँटी जाती है। समाचार, फीचर और विचारपरक लेखन। इन तीनों को लिखने की शैलियाँ अलग-अलग हैं। उनके बीच घाल-मेल अच्छा नहीं माना जाता है। उनके लेखन शैली का यह अन्तर इतना महत्त्वपूर्ण है कि कई इस फर्क को लेखन शैली के आधार पर भी पारिभाषित किया जाता है।

विचारपरक लेखन (स्तम्भ)

समाचार पत्रों की पहचान उनके वैचारिक रुझान से होती है। समाचार पत्रों में विचारों की अभिव्यक्ति उनके सम्पादकीय और उसके सामने के यानी 'ऑप-एंड' पृष्ठ पर लेखों, स्तम्भों और समीक्षा के जरिये होती है। अख़बारों के समाचार और विचार के बीच एक स्पष्ट विभाजन रेखा होती है और दोनों के बीच घालमेल उचित नहीं माना जाता। यहाँ हम विचारपरक लेखन के रूपों में से स्तम्भ लेखन पर चर्चा करेंगे।

स्तम्भ लेखन यह विचारपरक लेखन का कुछ प्रमुख अंग है। कुछ महत्त्वपूर्ण लेखक अपने खास वैचारिक रुझान के लिए जाने जाते हैं। उनकी अपनी एक लेखन शैली भी विकसित हो जाती है। ऐसे लेखकों की लोकप्रियता को देखकर अखबार उन्हें देख एक नियमित स्तम्भ लिखने का जिम्मा दे देते हैं। स्तम्भ का विषय चुनने

और उसमें अपने विचार व्यक्त करने की लेखक को पूरी छूट होती है। स्तम्भ में लेखक के अभिव्यक्त होते हैं। यही कारण है कि स्तम्भ अपने लेखक के नाम पर जाने और पसन्द किये जाते हैं। सभी अखबार और पत्रिकाएँ कुछ स्तम्भकारों को छापते हैं। कुछ स्तम्भ इतने लोकप्रिय होते हैं कि अखबार उनके कारण भी पहचाने जाते हैं। इस लेख में लेखक की राय या दृष्टिकोण होता है। सम्पादकीय पृष्ठ में लेखक को एक स्थान आबंटित किया जाता है और अक्सर इसे 'राय' भी कहा जाता है। जहाँ किसी विशेष विषय पर उसकी राय था दृष्टिकोण वाला लेख दिखाई देता है। स्तम्भ लेखन में कोई प्रतिबन्ध शामिल नहीं है, वह लेखक के पास मौजूद विषय के गहन ज्ञान को दर्शाता है। जिस विषय पर स्तम्भ लिखा जा रहा है, उसके बारे में जानकारी प्राप्त करने के लिए, वह क्षेत्र या समुदाय में अपने सम्पर्कों का उपयोग करता है। स्तम्भ एक लेखक की आवाज या दृष्टिकोण होता है, न कि समाचार पत्र का और इसे आमतौर पर प्रथम व्यक्ति एकवचन या तृतीय व्यक्ति एकवचन का उपयोग कर लिखा जाता है। यह समाज या राजनीति में ज्वलन्त मुद्दों के बारे में बात करता है। यह किसी विशिष्ट विषय के बारे में लेखक के अनुभवों को भी प्रदर्शित करता है। पाठक स्तम्भकार की राय से सहमत या असहमत होने के लिए स्वतन्त्र है। स्तम्भकार किसी भी चीज को बना था बिगाड़ सकते हैं। ज्यादातर समय, उनके अनुभव सही दिशा में जाते हैं और उनके स्रोत सही लाते हैं, जो छिपे हुए तथ्यों को उजागर करते हैं।

स्तम्भलेखन एक प्रकार का विचारात्मक लेखन है, जिसमें किसी संवेदनशील विषय पर गहराई से विचार व्यक्त किये जाते हैं। स्तम्भ लेखन पत्रकारिता के सभी क्षेत्रों को कवर करने वाली रचनात्मक अभिव्यक्ति है। इसमें लेखक की निजी राय भी होती है, जो समाचार लेखन के अन्य रूपों में स्वागत योग्य नहीं है। स्तम्भकार प्रक्षेपित निर्णय पारित कर सकता है। सिफारिशें कर सकता है और समाचार लेखन की स्वीकृत सीमाओं का पालन किये बिना स्वतन्त्र रूप से लिख सकता है। स्तम्भ लेखन की शैली और दृष्टिकोण न तो गम्भीर होती है न बाध्यकारी। स्तम्भ मानव हित के किसी भी पहलू पर लिखा जा सकता है। यह हास्य, मनोरंजक, खेल, लोगों के जीवन, राजनीति, सुशासन के बारे में बात कर सकता है और वित्त, उद्योग आदि जैसे सामाजिक-आर्थिक मुद्दों से भी निपट सकता है।

स्तम्भ लेखन में हमेशा लेखका नाम लिखा होना भी चाहिए और जहाँ आवश्यक हो, वहाँ फोटोग्राफ का भी इस्तेमाल किया जाना चाहिए। पाठकों की सुविधा के लिए स्तम्भ नियमित अन्तराल पर और आमतौर पर प्रकाशन में एक ही स्थान

पर प्रकाशित होते हैं। स्तम्भ विषय–उन्मुख हो सकते हैं, जैसे शौक या शिल्प से सम्बन्धित तथा इनमें लेख की व्यक्तिगत राय और व्यक्तित्व को दर्शाया जाता है।

स्तम्भों के प्रकार–

क) गहन रिपोर्टिंग स्तम्भ—इस श्रेणी में किसी भी घटना की पृष्ठभूमि की जानकारी, परिप्रेक्ष्य और व्याख्या किसी भी कठिन समाचार के अनुवर्ती रूप में दी जाती है। वर्तमान समाचार घटनाओं को पिछली जानकारी से जोड़कर और भविष्य के परिप्रेक्ष्य को पेश करके प्रस्तुत किया जाता है।

ख) रायवाले स्तम्भ—इस प्रकार के स्तम्भ में आमतौर पर अनुभवी स्तम्भकार ही लिखते हैं। लेखक खुद को ड्राइविंग सीट पर रखता है और चर्चा के तहत विषय पर एक विशेषज्ञ के रूप में अपनी राय का आलोकन देता है।

ग) गपशप स्तम्भ—पाठक इस प्रकार के स्तम्भों की ओर आकर्षित होते हैं क्योंकि इनमें गपशप का रस भरा अंश होता है। स्तम्भों में बहुत कम बातें होती हैं! सिवाय इसके कि उनमें उत्तेजक मूल्य होता है, जो लेखक का विशेष क्षेत्र नहीं हो सकता।

घ) हास्य स्तम्भ—इस स्तम्भ को थोड़ा हल्का माना जाता है, लेकिन जीवन में हास्यपूर्ण पहलू खोजने की कोशिश करता है और ऐसा लेख लिखता है, जो पाठक को खुश कर दे। ये स्तम्भ हजारों शब्दों के स्पष्टीकरण से कहीं ज्यादा स्पष्ट रूप से किसी घटना पर प्रकाश डालता है।

च) निबन्ध स्तभ—इसके लिए लोगों में रुचि उत्पन्न करने की क्षमता और क्षमता की आवश्यकता होती है, जो सभी लेखको में नहीं होती।

छ) व्यक्तित्व डायरी स्तम्भ—डायरी कॉलम सार्वजनिक हस्तियों द्वारा लिखे जाते हैं और आमतौर पर ऐसे लेखकों द्वारा लिखे जाते हैं, जो सम्बन्धित व्यक्तित्व के साथ करीबी होने का दावा करते हैं। ऐसे स्तम्भ उन लोगों द्वारा लिखे जा सकते है, जिनका सार्वजनिक रूप से विशेष स्थान है जैसे राजनेता, सुपरस्टार आदि। अधिकांश लेखक कभी-कभी इस तरह का लेखन करने का प्रयास करते हैं।

ज) सलाह स्तम्भ—इस प्रकार के स्तम्भ का उद्‌देश्य पाठक को कोमल निर्देशों के माध्यम से शिक्षित करना होता है और ये आमतौर पर सम्पादकीय पृष्ठों पर प्रकाशित होते हैं।

खण्ड-ख (द्वितीय सत्र)

सृजनात्मक लेखन

1

सृजनात्मक लेखन

साहित्य रचना के सन्दर्भ में सृजनात्मक लेखन का महत्त्व व्यापक है। साहित्य की अनेक विधाएँ हैं। साहित्य की संरचना का रूप भी अलग-अलग होता है। कविता-पद्य की भाषा में लिखी जाती है। नाटक में पद्य और गद्य दोनों का प्रयोग होता है। सृजनात्मक लेखन में साहित्य की विधाओं के साथ मीडिया लेखन और फिल्म का लेखन भी महत्त्वपूर्ण माना जाता है। आज का युग व्यावसायिक युग है। इसमें विज्ञापन का अत्यधिक महत्त्व है। अब साहित्य और अन्य विधाएँ एक दूसरे पर आक्रमण करने लगी है। उनमें परस्पर सम्बन्ध भी होता है। एक विधा को दूसरी विधा में रूपान्तरित किया जाता है। साहित्य पाठ्य होता है, किन्तु अभी वह दृश्य बनने लगा है। आज का युग दृश्य लेखन का युग है।

भूमण्डलीकरण ने जहाँ संवेदना को मनुष्य की व्यापक संस्कृति से जोड़ा है वहीं उसने संस्कृति को अपनी पहचान के साथ भी अस्तित्व में रखा है। अब साहित्य का परिवेश केवल भाव सम्पदा तक सीमित न रहते हुए वह अत्यन्त व्यापक हो रहा है। साहित्य का सृजन केवल भाव तरंग या स्वप्न प्रवाह मात्र न होकर उसे सम्प्रेषण की तलाश करनी पड़ रही है। किन्तु मानव समाज और सभ्यता के लिए वह प्रासंगिक तब होता है। जब मानव अभिव्यक्त होकर बाहरी जगत से सम्प्रेषित हो। इसलिए साहित्य को शब्द रूप में आकार देना पड़ता है। यहीं से सृजनात्मक लेखन की सुरूवात हो जाती है। यही लेखन सृजन और साहित्य को एक साथ खडा किया जाने में मदद होती है। साहित्य लेखन केवल भावात्मक प्रक्रिया न होकर वैज्ञानिक प्रक्रिया है। जैसे कविता और उपन्यास लेखन की प्रणाली एक नहीं हो सकती । उसी प्रकार कहानी और अन्य विधाओं के लेखन के लिए भी अलग-अलग प्रणालियों का प्रयोग करना उचित होता है। पटकथा लेखन केवल लेखक तक् सीमित न होकर एक सम्पूर्ण समूह का वर्क होता है। यह युग अन्तरविधात्मक युग है इस तथ्य को हम इनकार नहीं कर सकतें।

1.1 सृजनात्मक लेखन की अवधारणा

प्रस्तावना

यह सर्वविदित सत्य है कि राष्ट्र एवं सामाज के विकास में वैज्ञानिकों का महत्त्वपूर्ण योगदान होता है। इसी प्रकार समजा एवं राष्ट्र निर्माण में सृजनशील मानव भी अपना महत्त्वपूर्ण योगदान देता है। मानव के विभिन्न गुणों में से सृजनात्मक यह उसका मौलिक गुण होता है। हर मानव में यह गुण कम-जादा मात्रा में पाया जाता है। वैसे तो विश्व के सभी प्राणियों में सृजनात्मकता होती है, तो भी मानव जीवन को सुखी बनाने के लिए नये अविष्कार करने तथा समस्याओं का समाधान खोजने के कार्य में रचनात्मकता (सृजनात्मकता) मानव के अन्दर होती है, जो उसे नवीन वस्तुओं का निर्माण करने, समस्याओं का हल ढूँढ़ने, नवीन परिस्थितियों में समायोजन करने जीवन में आपसी समझ, सोच और व्यवहार के लिए लायक बनाता है। प्रकृति से पूर्णतया प्रत्येक मनुष्य सृजनात्मक होता है। ऐसे मानावों में उनकी योग्यता के अनुसार शिक्षा प्रदान करने की व्यवस्था करना प्रत्येक देश, समाज और सम्पूर्ण राष्ट्र का कर्तव्य है। समाज तथा राष्ट्र के विकास में सृजनात्मकता का अभूतपूर्व योगदान होता है।

लेखन एक शिल्प है, जो सहजन होते हुए वह मानव निर्मित होता है। इसका आधार सम्प्रेषण हुआ करता है। लेखन दृष्टि के लिए हमें उपकरणों की आवश्यकता होती है। सृजन दृष्टि से इन उपकरणों में अनुभव और भाषा का व्यापक महत्त्व है। किसी भी लेखन के लिए मानव को विचारों की आवश्यकता होती है, जिसके बिना कोई प्रभावी लेखन सम्भव नहीं हो सकता वास्तविक रूप में लेखन को सम्प्रेषण से जोड़ना जरूरी होता है। अगर सम्प्रेषण न हो तो लेखन का कोई भी महत्त्व नहीं होता। सहजता मन और अनुभूति से आती है। किन्तु जब विचारों को आकृति देनी हो तो उसमें शिल्प के अनेक प्रयोग करने जरूरी होते है। इसलिए भाषा पर पकड़ होना भी अत्यन्त महत्त्वपूर्ण है। भाषा ही लेखन का माध्यम है। सृजनात्मकता एक मानसिक क्रिया है, जो हमेशा नये विचार और अवधारणाओं के साथ जुड़ी रहती है। सृजनात्मकता कभी ज्ञान और अनुभव की सीमाओं में बँधी नहीं होती है।

आज के नवयुग में सबकुछ बहुत तेजी से बदलने लगा है। अब हम एक सृजनात्मकता की दूसरी सृजनात्मकता से तुलना कर सकते हैं। जैसे चित्रकला में भी एक चित्रकार का चित्र दूसरे चित्रकार से अलग होता है। इसी तरह अन्य कलाएँ भी एक दूसरी से अलग-अलग होती है। साहित्य में नये-नये अनुसन्धान और व्याख्याओं

का व्यापक क्षेत्र है। सृजनात्मकता सृजन का आधार है। कोई भी कलाकृति एक विशेष संरचना के अन्तर्गत व्यक्त होती है। सृजन की निरन्तरता से ही कला और साहित्य को आकृति मिलती है। सृजन में नयापन होता है। सृजन सभी कलाओं में होता है। चित्र और काव्य को इसलिए अनेक बार एक रूप में ही रखा गया है। विंकलमैन ने कहा है कि 'कविता मुखर चित्र है और चित्र मौन कविता है' इस प्रकार से सृजनात्मकता के सन्दर्भ में सृजन की अनेक अवधारणाएँ जन्म लेती है।

सृजनात्मकता का अर्थ और परिभाषाएँ

सृजनात्मकता को लेकर अनेक मनोवैज्ञानिकों ने अपने-अपने पद्धतियों से सृजनशीलता को परिभाषित करने का कार्य किया है। मनोवैज्ञानिकों द्वारा प्रस्तुत सृजनशीलता की कुछ प्रमुख परिभाषाओं को हम यहाँ देखते हैं।

1. डीहान तथा हेबिंगहर्स्ट : "सृजनशीलता वह विशेषता है, जो किसी नवीन और वांछित वस्तु के उत्पादन की ओर प्रवृत्त करती है। यह नवीन वस्तु सम्पूर्ण समाज के लिए नवीन हो सकती है अथवा उस व्यक्ति के लिए नवीन हो सकती है जिसने उसे प्रस्तुत किया है।"

2. ड्रेवहल : "सृजनशीलता वह मानवीय योग्यता है, जिसके द्वारा वह किसी नवीन रचना या विचार को प्रस्तुत करती है।"

3. क्रो एवं क्रो : "सृजनशीलता मौलिक परिणामों को अभिव्यक्त करने की मानसिक प्रक्रिया है।"

4. कोल और ब्रूस : "सृजनशीलता मौलिक उत्पाद के रूप में मानव मस्तिष्क को समझने, व्यक्त करने तथा सराहना करने की योग्यता और क्रिया है।"

5. रॉबर्ट फ्रास्ट : "मौलिकता क्या है? यह मुक्त साहचार्य है? जब कविता की पंक्तियाँ या उसके विचार आपको उद्वेलित करते हैं। साधारणी करण के लिए बाध्य करते हैं। यह दो वस्तुओं का सम्बन्ध होता है, परन्तु साहचर्य को देखने की कामना आप नहीं करते, आप तो उसका आनन्द उठाते हैं।"

6.स्टेन : "जब किसी कार्य का परिणाम नवीन हो जो किसी समय में समूह द्वारा उपयोगी मान्य हो, वह कार्य सृजनात्मकता कहलाता है।"

7. प्रो. एस.के. दुबे : "सृजनात्मक चिन्तन का आशय उन कार्यों से हैं जिनके माध्यम से नवीन विचारों, वस्तुओं एवं व्यवस्थाओं का सृजन सम्भव होता है।"

8. आर.के. शर्मा : "सृजनात्मक चिन्तन का आशय मस्तिष्क उद्वेलन की उस प्रक्रिया से है, जिसमें किसी एक विषय पर अनेक प्रकार के विचार उत्पन्न होते है। उन विचारों को आधार पर नवीन एवं उपयोगी वस्तुओं एवं विचारों का सृजन होता है।"

उपर्युक्त परिभाषाओं के विश्लेषण से स्पष्ट है कि सृजनशीलता का सम्बन्ध प्रमुख रूप से मौलिकता या नवीनता से है। किसी समस्या पर नये ढंग से सोचने तथा समाधान खोजने के परिलक्षित होती है। दूसरे शब्दों में कहा जा सकता है कि सृजनशीलता वह योग्यता है जो व्यक्ति को किसी समस्या को विद्धतापूर्ण समाधान खोजने के लिए नवीन ढंग से सोचने, विचार करने तथा कार्य करने में समर्थ बनाती है। अन्त: प्रचलित ढंग से हटकर किसी नये ढंग से चिन्तन मनन करने तथा कार्य करने की योग्यता ही सृजनशीलता कही जा सकती है।

सृजन की अवधारणा

सृजन और मनोविज्ञान : सृजन का मनोविज्ञान से गहरा सम्बन्ध है। इस आधार पर कई मनोवैज्ञानिकों ने सृजन की माप के लिए अनेक मानदण्ड को प्रयोग किया है। मनुष्य के ज्ञान से ही सृजन जुड़ा है। सृजन एक प्रवाह से जुड़ा है और उसमें लचीलापन होता है। सृजन मौलिक है और इस मौलिकता को विस्तार दिया जाता है। एक सामाजिक व्यक्तिगत उपागम से सृजन जुड़ा है और इसके विविध आयाम मौलिकता और उपयुक्तता के साथ ही बौद्धिकता और संवेदनशीलता का भी सृजन से गहरा सम्बन्ध है। हम साहित्य को मनोविज्ञान से अलग नहीं कर सकते। यहाँ सृजनात्मकता के साथ रचयिता जुड़ा है। व्यक्ति के आन्तरिक और बाहरी संयोग के बीच उसकी संवेदना भौतिक रूप में प्रकट होती है। इसी को कलाकृति कहा जाता है। कला की यह प्रक्रिया अभिव्यंजनात्मक रूप में प्रकट होती है। सृजन प्रक्रिया यह मानसिक होती है। इसमें शरीर और मस्तिष्क का जीवन्त रूप मिलता है। सृजन की अवधारणाएँ अनेक विचारकों की पहल का ही परिणाम है। पावलोब इसे एक कार्य के रूप में मानते है। एंगेल्स ने भाषा के साथ कार्य को मानवीय अस्तित्व से जोड़ा है। इसी तरह मनोविज्ञान ने भी मस्तिष्क की रचना के सन्दर्भ में अनेक परीक्षण किये है। यहाँ तक कहा गया है कि सृजन की स्थिति में रक्त की अधिक मात्रा का मस्तिष्क में संचार होता है। यह बात इलेक्ट्रोएंसीफेलाग्राफी के परीक्षणों से प्रमाणित हो गयी है। अनुभूति और संवेग सक्रिय हो जाते हैं। चेतन और अवचेतन दोनों के बीच एक गहरा सम्बन्ध होता है। सृजन प्रक्रिया निरन्तर होती है, जब सृजन होता है तो उसपर किसी का नियन्त्रण नहीं होता। सृजनात्मक मस्तिष्क स्वतन्त्र होता है और वह एक स्वप्नलोक को प्रतीकों और बिम्बों मे बदल देता है। प्रतीक कल्पना के रहस्यों को खोलता है। प्रतीक और अर्थ ही मनुष्य की दुनिया निर्माण करते हैं।

सृजन और सर्जक : सृजन की अवधारणा सर्जक से जुड़ी होती है। कोई भी कलाकार अपने मानसिक उपागम से किसी भी रचना या संरचना का निर्माण करता

है। जब तक कोई अनुभूति नहीं होती तब तक उसका कोई आकार सामने नहीं आता। हर एक कलाकार अपने आप में मौलिक होता है। जब वह रचना रचता है, तब पता नहीं होता की किस कल्पना लोक में वह है और उसके अपने पर कितना नियन्त्रण है। सृजन के सन्दर्भ में गोट्शाक ने कहाँ है, "तीव्र संवेदना ही आन्तरिक चेतना और बाहरी दुनिया के बीच सम्पर्क बिन्दु है।" वास्तविकता से कल्पना अनेक रूपों में काम करती है। शब्दों की कला, स्वरों का उच्चारण, रंगों की कला अन्यरूप इससे जुड़े हुए होते हैं। कल्पना संवेदना से प्राप्त प्रतीकों के माध्यम से एक आकल्पन या डिजाइन को बुनती है। अनेक प्रकार के सवाल सृजन के सन्दर्भ में उपस्थित होते हैं। हर एक व्यक्ति अलग-अलग प्रकार से सृजन से जुड़ता है। एक ही कलाकार अलग-अलग समय में विभिन्न कृतियों की रचना करता है, इस अर्थ में एक ही कलाकार में अनेक प्रकार की विविधताएँ होती हैं। मनोविज्ञानी आटो रेंकने आत्मरूपायन (Self Forming) की बात की है। यह साधारण व्यक्ति के साथ जुड़ा गया है। लोग सेल्फी करने लगे हैं। अपनी ही आकृति को अपने ही कैमरे में उतारना इस नये विज्ञान का ही परिणाम है। कोई भी कलाकार वस्तुत: अपनी कल्पना के माध्यम से अपने सृजन को मौलिक रूप देता है। सृजन यहाँ स्वतन्त्र है क्योंकि वह कलाकार के नियन्त्रण में नहीं है। उसकी अपनी एक डायनेमिक्स है।

सृजनात्मक लेखन

सृजन की अवधारणा के सन्दर्भ में सबसे महत्त्वपूर्ण प्रश्न यह है कि सृजनात्मक लेखन क्या है? कला और साहित्य में सृजनात्मक लेखन को विचारों की अभिव्यक्ति के सन्दर्भ में रखते हुए उसकी सहज अनुभूति को महत्त्व दिया जाता है। साहित्य की रचना अनेक विधाओं में होती है, जिनमें कविता के साथ ही कहानी और नाटक का समावेश होता है। सृजनात्मक लेखन को किसी विशेष परिधि में रखना या परिभाषित करना सम्भव नहीं होता, तो भी सृजन एक ऐसा विशेषण है, जो साहित्य के विभिन्न रूपों में प्रयोग में लाया जाता है। इस लेखन का आधार क्या है? और इसे न लिखने से किस रूप में अलग किया जा सकता है, यह प्रश्न भी व्याख्या की माँग करता है। लेखन अनेक प्रकार, अनेक क्षेत्रों में होता है। इसमें सृजनात्मक लेखन वही है, जिसमें कल्पना की प्रधानता होती है। अत: किसी भी प्रकार का लेखन सृजनात्मक हो सकता है, यदि उसमें कल्पना का आधार लिया जाता है। विज्ञान का लेखन भी दो तरह का होता है। एक जिसमें अवधारणा या विचार की प्रधानता होती है और दूसरा वह जिसमें कल्पना भी आवश्यक होती है। कल्पना, कविता, नाटक, उपन्यास या पटकथा लेखन के लिए अनिवार्य रूप से कार्य करती है। कभी आत्म अन्वेषण

से जुड़ा लेखन हो उसमें भी कल्पना काम करती है। सृजनात्मक लेखन का दायरा बहुत बड़ा व्यापक है।

आज के ग्लोबल समाज में लेखक बनने के लिए व्यापक रूप से साहित्य पढ़ना और लेखन शिल्प से परिचित होना अत्यन्त आवश्यक है। साहित्य का माध्यम भाषा है और भाषा का आधार शब्द होता है। भाषा को सृजनात्मक लेखन से जोड़कर ही कोई रचनाकार अपने लेखन में सफलता प्राप्त कर सकता है। इसलिए कल्पना को ही सृजन की अवधारणा के केन्द्र में रखा जाता है। साहित्य में कल्पना का अर्थ है, जिसमें कल्पनात्मक कार्य या मानसिक बिम्बों की रचना को प्रधानता देना कल्पना ही मौलिक और नवीन संमूर्तन को व्यक्त कर पाती हैं। अनेक कवियों ने अपने काव्य में इसे प्रमाणित किया है। अंग्रेजी में स्वच्छदतावाद और हिन्दी में 'छायावाद' की कविताओं में कल्पना की प्रधानता मिलती है। कविता को पेड़ से उपजे पत्तों की तरह सहजरूप में विकसित कहा गया है। इस तरह सृजन की अवधारणा और सृजनात्मक लेखन का गहरा सम्बन्ध है।

1.2 सृजनात्मक लेखन की प्रक्रिया

सृजनात्मक लेखन किसी वस्तु, विचार, कला, साहित्य से सबम्द्ध किसी समस्या का समाधान निकालने आदि के क्षेत्र में कुछ नया रचने अविष्कृत करने या पुनर्सृजित करने की प्रक्रिया है। यह एक मानसिक संक्रिया है जो भौतिक परिवर्तनों को जन्म देती है। सृजनात्मकता के सन्दर्भ में वैयक्तिक क्षमता और प्रशिक्षण का आनुपातिक सम्बन्ध है। काव्यशास्त्र में सृजनात्मकता प्रतिभा, व्युत्पति और अभ्यास के सह सम्बन्धों की परिणति के रूप में व्यवहत किया जाता हे। सृजनात्मकता मानवीय क्रियाकलाप की वह प्रक्रिया है, जिसमें गुणगत रूप से नूतन भौतिक तथा आत्मिक मूल्यों का निर्माण किया जाता है।

सामान्य रूप से जब हम किसी वस्तु या घटना के बारे में विचार करते हैं तो हमारे मन-मस्तिष्क में अनेक प्रकार के विचारों का प्रादुर्भाव होता है। उत्पन्न विचारों को जब हम व्यावहारिक रूप प्रदान करते हैं तो उसके पक्ष एवं विपक्ष, लाभ एवं हानियाँ हमारे समक्ष आती है। इस स्थिति में हम अपने विचारों की सार्थकता एवं निरर्थकता को पहचानते हैं। सार्थक विचारों को व्यवहार में प्रयोग करते हैं। यहाँ से सृजनात्मक चिन्तन की प्रक्रिया का प्रारम्भ होता है। सृजनात्मक चिन्तन का आशय उन कार्यों से है, जिनके माध्यम से नवीन विचारों, वस्तुओं एवं व्यवस्थाओं का सृजन होता है। किन्तु सृजनात्मक प्रक्रिया एक जटिल प्रक्रिया है। चाहे व्यक्ति सामान्य चिन्तन या किसी समस्या को समाधान करने लगा हो तो उसमें चार

अवस्थाएँ होती हैं। ग्राहम बाल्स के अनुसार सृजनात्मकता की प्रक्रिया की चार अवस्थाएँ होती हैं।

1.आयोजन

2. उद्‌भवन

3. प्रबोधन

4. प्रमाणीकरण या सम्बोधन

1. आयोजन : इस अवस्था में समस्या सें सम्बन्धित आवश्यक तत्त्वों एवं प्रमाणों को एकत्रित करने की तैयारी का आयोजन हुआ करता है। समस्या से सम्बन्धित पक्ष और विपक्ष के प्रमाण एकत्रित किये जाते हैं। ऐसा करने से प्रयत्न एवं त्रुटि का सहारा भी लिया जा सकता है। महान वैज्ञानिकों ने अपने सामने आई समस्या के समाधान से सम्बन्धित तथ्यों एवं प्रमाणों को एकत्रित कर उसका विस्तृत ज्ञान हासिल किया तथा उनके आधार पर सृजनात्मक चिन्तन किया है। इसी तरह से हर सृजनात्मक लेखन करने वाला विभिन्न प्रकार के तथ्यों एवं प्रमाणों को एकत्रित करता है। यह समस्या व्यक्ति के ज्ञान के अनुसार लम्बे समय तक या कम समय तक होती ह। यदि समस्या जटिल तथा व्यक्ति का ज्ञान सीमित है, तो अवस्था का समय लम्बा परन्तु यदि समस्या सरल तथा व्यक्ति का ज्ञान भण्डार परिपक्व है तो अवस्था कम समय तक रहती है। कहने का मतलब यह है की यह अवस्था व्यक्ति की आयु तथा बुद्धि पर निर्भर करती है।

2. उद्‌भावना : यह सृजनात्मकता की दूसरी और निष्क्रियता को बढ़ावा देने वाली अवस्था है। थोड़े-थोड़े समय के लिए व्यक्ति चिन्तन करना छोड़ देता है। इस अवस्था में व्यक्ति समस्या के समाधान के बारे में चिन्तन छोड़कर विश्राम करने लगता है।

3. प्रबोधन : इस अवस्था में अचानक व्यक्ति की समस्या का समाधान दिखाई देता है। उद्‌भवन की अवस्था में व्यक्ति अचेतन रूप से समस्या के भिन्न-भिन्न पहलुओं को पुनसंगठित करता है। और उसे अचानक समस्या का समाधान नजर आता है।

4. प्रमाणीकरण : सृजनात्मकता के लिए प्रेरण अति आवश्यक है, क्योंकि यह सामग्री की व्यवस्था करती है। कल्पना से जो कार्य शुरू किया जाता है, उसे बुद्धि एवं निर्णय के द्वारा पूर्ण किया जाता है। इस अवस्था में समस्या के समाधान की जाँच होती है कि वह ठीक है अथवा नहीं।

सृजनात्मकता की प्रक्रिया के बारे में जरूरी बातें

सृजनात्मकता, किसी समस्या का समाधान निकालने के लिए कुछ नया रचने, आविष्कृत करने या पुनर्सृजित करने की प्रक्रिया है।

- सृजनात्मकता एक मानसिक प्रक्रिया है, जो भौतिक बदलावों को जन्म देती है।
- सृजनात्मकता के लिए तैयारी, सकेन्द्रण, उद्भवन, प्रदीपन और सत्यपान जैसे चरण होते हैं।
- सृजनात्मक प्रक्रिया यह हमेशा रेखिक नहीं होती यह अलग-अलग तरीके से काम करती है।
- सृजनात्मकता के विकास के लिए समस्या-समाधान विधि सबसे अच्छी मानी जाती है।
- सृजनात्मकता के लिए शिक्षक को स्वयं भी सृजनात्मक होना चाहिए।
- छात्रों को विभिन्न सूचनाओं को इकट्ठा करने के लिए प्रोत्साहित करना चाहिए।

1.3 सृजनात्मक लेखन का महत्त्व

सृजनात्मक एक ऐसा विचार है कि जिसके माध्यम से छात्रों की मौलिक सम्भावनाओं को विकसित किया जाता है। छात्रों में चिन्तन एवं मौलिक अभिव्यक्ति की दृष्टि से सृजनात्मकता अत्यन्त महत्त्वपूर्ण भूमिका का निर्वाह करती है। सृजनात्मकता का क्षेत्र व्यापक है जो केवल शिक्षा के क्षेत्र तक ही सीमित नहीं है अपितु वह सर्वत्र है। शैक्षिक कार्यक्रम को उपयोगी बनाने तथा लक्ष्यपूर्ति की दुष्टि से सृजनात्मकता का विशेष महत्त्व है।

1) सृजनात्मक लेखन मौलिकता एवं नवीनता को अद्भुत गुणों के विकास के लिए महत्त्वपूर्ण है।
2) सृजनात्मकता से चिन्तन की प्रबल इच्छा प्रखर एवं विकतिस होती है। फलत: जटिल से जटिल समस्या का हल सम्भव हो पाता है।
3) सृजनात्मकता में संवेदनशीलता और गम्भीरता के लक्षण विद्यमान रहते हैं। इसलिए यह उत्तर दायित्पूर्ण कार्य करने की क्षमता के विकास में सहायक होती है।
4) सृजनात्मक लेखन परम्परागत धारणा को नये सिरे से लेकर आगे खोज की प्रवृत्ति की ओर उन्मुखन करता है।

5) सृजनात्मकता ऐसे विचारों को विकसित कर स्थापित करती है जिसमें वास्तविकता और व्यावहारिकता की पर्याप्त मात्रा रहती है।

6) सृजनात्मकता उत्तरदायित्व के साथ कार्य के प्रति निष्ठा, लगन, परिश्रम तथा कार्य पूर्णता में दृढ़ आस्था के प्रति सजग बनाने में महत्त्वपूर्ण भूमिका निर्वाह करती है।

7) सृजनात्मकता तर्क, कल्पना, विचारशक्ति एवं संगठन करने की शक्ति के विकास में सहाय्यक है।

8) सृजनात्मकता, दूरदर्शिता और बुद्धिमत्ता को प्रखर करती है, इससे भविष्य की सोचने, वर्तमान का भविष्य से सम्बन्ध स्थापित करने में सहायता प्राप्त होती है।

9) सृजनात्मकता एकाग्रतिचत्त होकर अत्यन्त शान्त एवं धैर्यपूर्ण भाव से कार्य करने की प्रेरणा प्रदान करती है। साथ ही यह स्वतन्त्र निर्णय लेने की क्षमता को विकसित करती है।

10) सृजनात्मकता के फलस्वरूप आत्मविश्वास की भावना प्रबल एवं सुदृढ़ होती है।

11) सृजनात्मक लेखन प्रायमरी स्कूल के छात्रों की सीखने, पढ़ने और सृजनात्मक लेखन क्षमताओं को पोषित करने पर ध्यान केंद्रित करता है, क्योंकि वे इन क्षेत्रों में अपने कौशल को बढ़ाने का प्रयास करते हैं।

12) सृजनात्मक लेखन छात्रों में शैक्षणिक सफलता और व्यक्तिगत विकास को बढ़ावा देने में महत्त्वपूर्ण भूमिका निभाता है।

सृजनात्मक लेखन से छात्रों की भाषा में दक्षता आ जाती है। कथाएँ कविताएँ या निबन्ध लिखने के माध्यम से छात्र अपनी शब्दावली, व्याकरण और वाक्य विन्यास में सुधार होती है। वे जटिल विचारों को संक्षिप्त रूप से व्यक्त करना सीखते हैं और विवरण के लिए गहरी नजर विकसित करते हैं। ये कौशल सृजनात्मक लेखन की सीमाओं को पार करते हैं और अंग्रेजी साहित्य, इतिहास और सामाजिक विज्ञान जैसे विभिन्न शैक्षणिक विषयों में मूल्यवान सम्पत्ति बन जाते है।

आलोचनात्मक सोच विकसित करना : सृजनात्मक लेखन के लिए आलोचनात्मक रूप से सोचने और विभिन्न दृष्टिकोणों से स्थितियों का विश्लेषण करने की क्षमता की आवश्यकता होती है। चरित्र निर्माण, कथानक, निर्माण और कथात्मक समस्याओं को हल कर, छात्र अपने विश्लेषनात्मक कौशल को बढ़ाते हैं और कारण और प्रभाव सम्बन्धों की गहरी समझ विकसित करते हैं।

भावनात्मक बुद्धिमत्ता को प्रोत्साहित करना : सृजनात्मक लेखन छात्रों को अपनी भावनाओं, अनुभवों और सहानुभूति का पता लगाने के लिए एक मंच प्रदान करता है। अपने पात्रों के मन और भावनाओं में तल्लीन होकर, छात्र मानव स्वभाव की अधिक समझ विकसित करते हैं। यह बढ़ी हुई भावनात्मक बुद्धिमत्ता उन्हें साहित्य, इतिहास और सामाजिक मुद्दों के साथ अधिक गहराई से जुड़ने में सक्षम बनाती है। यह करुणा, सहिष्णुता और खुले विचारों को बढ़ावा देता है, वैश्विक नागरिकों के लिए आवश्यक है।

संचार कौशल बढाना : प्रभावी सचार शैक्षिक सफलता और व्यक्तिगत विकास का एक मूलभूत पहलू है। सृजनात्मक लेखन छात्रों के विचारों और भावनाओं को सुसंगत और आकर्षक तरीके से व्यक्त करने की क्षमता को विकसित करता है। यह उन्हें अपने विचारों को स्पष्ट करने, तर्क प्रस्तुत करने और अपने विचारों को तार्किक रूप से संचारित करने में कुशल बनने में मदद करता है।

आत्मविश्वास बढाना : सृजनात्मक लेखन छात्रों को अपनी अनूठी आवाज खोजने और खुद को स्वतन्त्र रूप से व्यक्त करने का अधिकार देता है। जैसे-जैसे उन्हें अपने सृजनात्मक प्रयासों के लिए प्रतिक्रियाएँ और मान्यताएँ मिलती हैं, वैसे छात्रों को अपनी क्षमताओं पर भरोसा होता है। यह नया आत्मविश्वास लेखन के दायरे से आगे निकल आता है और उनकी शैक्षणिक यात्रा के अन्य पहलुओं में फैल जाता है।

सृजनात्मक लेखन मे भाषा का महत्त्व : भाषा के बिना सृजनात्मक लेखन की कल्पना सम्भव नहीं है। सृजनात्मक भाषा का महत्त्व संवेदना के बदलते स्वरूप को पहचानने में है। मानवीय संवेदनाओं की विचार शक्ति का विकास होता है। सृजनात्मक लेखन के अभाव में भाषा स्थिर हो जायेगी। भाषा का स्थिर होना, भाषा की मौत को ही नहीं एक संस्कृति की मौत को भी सूचित करता है।

सृजनात्मक लेखन में भाषा का नवीकरण होता है। नयी शब्द सम्पदा से भाषा को विभूषित किया जाता है। हिन्दी साहित्य में रीतिकाव्य की भाषा जड़ हो चुकी थी। शब्द इतने घिस गये थे कि उनसे नये अर्थ की सम्भावना खत्म हो चुकी थी। भाषा नदी के समान प्रवाहशील है। उसे रूप देने के लिए किसी न किसी शिल्प में ढालना होता है। कहानी, उपन्यास, नाटक आदि का अपना अलग-अलग शिल्प होता है। भाषा में शिल्प के परिवर्तन से भाषा का रंग बदल जाता है।

2

साहित्य का सृजनात्मक लेखन

2.1 कविता : सृजनात्मक लेखन

सृजन और शिल्प के सम्बन्ध में साहित्य की विधाओं का परिचय आवश्यक है। साहित्य के विविध रूप है। कविता को अत्यन्त व्यापक कहा गया है। शिल्प भी सृजन की आकृति में परिवर्तन के साथ बदलता रहता है। सबसे पहले कविता इस शिल्प के अन्तर्गत प्रमुख रूप से आती है या काव्य की रचना भाषा के व्यापक स्वरूप से जुड़ी होती है। इसके सम्बन्ध में समालोचक ही नहीं कवियों ने भी विचार किया है। आधुनिक युग में कविता के अनेक आन्दोलन विश्व में हुए है। उनकी शिल्पगत अवधारणा को कवियों ने स्पष्ट किया है। कविता और भाषा का गहरा सम्बन्ध होता है। कविता का भाषिक विधान से विशेष का गहरा सम्बन्ध होता है।

यह कहा गया है कि जहाँ गद्य का अन्त होता है। वहा कविता का प्रारम्भ होता है। कविता को एक खोज कहा गया है। भाषा के विविध प्रयोगों के माध्यम से कवि अपने विचारों और अनुभूतियों को एक विषय में रचता है। यह भी एक महत्त्वपूर्ण प्रक्रिया है। जब हम कविता के सम्बन्ध में विचार करते हैं, तब सबसे पहले पद्य कि टुकड़ों में पंक्तियाँ मन में आती हैं। कई पद्य खण्ड, जिनमें लय या लय की खोज योजना होती है, भाषा के सुन्दर शब्दों से एक फंतासी का निर्माण करती है। कविता लिखना सहज भी है और जटिल भी है क्यों कि इसमें शब्दों का एक प्रवाह होता है।

कविता की अवधारणा : काव्य के इतिहास में कविता की परिभाषा बदलती रहती है। कविता में भाषा के अनेक प्रयोग होते हैं, जिसमें सबसे महत्त्वपूर्ण प्रयोग यह है कि उसमें उस काव्यात्मक भाषा का प्रयोग हो, जो आनन्द की अनुभूति देती है। भाषा का सबसे सार्थक और सबल प्रयोग कविता में करना पड़ता है। प्राचीन काव्यशास्त्र में कविता के अनेक सिद्धान्तों का विवेचन किया गया है। इसमें रस और ध्वनी को अत्यधिक महत्त्व दिया गया है। कविता अलंकारों से युक्त भी होती है। इस तरह काव्य की अभिव्यक्ति में भाषा के माध्यम से प्रयोग अत्यन्त कुशलता से करना

पड़ता है। कविता लेखन में क्या लिखा जाये उसका आरम्भ कैसे करे? कविता में विषय महत्त्व का है या भाव। मनुष्य में अनेक संचारी भाव होते हैं। वह क्रोध भी करता है, चीखता भी है, काँपता भी है और रोमांच में सुख के भी आँसू बहाता है। इन सबको कविता में व्यक्त करने के अनेक प्रकार होते हैं। जब हम कविता लिखना निश्चित करते हैं, तब हमें समकालीन जीवन और वातावरण को व्यक्त करने के लिए शब्दों का चयन करना पड़ता है। जिससे हमारी अनुभूति व्यक्त हो सके। तभी हमारी कविता सफल बनती है।

कविता को हम संवेदना और प्रतिभा को आन्तरिक अनुभूति और आकर्षण से जोड़ते हैं। कविता एक जीवित संसार होता है, जो एक भाषा की प्रक्रिया में व्यक्त होती है। कविता लिखते समय सभी प्रकार की प्रक्रियाओं को मुक्त छोड़ना पड़ता है। तभी वे अन्तर्मन की गहराई तक पहुँचती है। केवल विचार से काम नहीं होता अनुभूति को भी साथ में रखना पड़ता है। इसीलिए सृष्टि की रचना की तरह कविता की रचना को भी सृजन का नाम दिया गया है। कविता मानव के अनुभवों का कोश होती है। जिसमें कवि अनुभूति के कच्चे माल को एक नया रूप देकर निर्मित करता है। कविता में यह परस्परता सबसे अधिक महत्त्वपूर्ण होती है। कविता केवल मुस्कान से जुड़ी होती है, ऐसा नहीं वह व्यथा से भी जुड़ी होती है। कई बार भावों और अनुभूतियों को एक समझ लिया जाता है। किन्तु इनमें अन्तर होता है। यह कितना भी सूक्ष्म अन्तर क्यों न हो? भावों में अनेक प्रकार के संचरण होते हैं। इनमें भय, क्रोध, आनन्द और आश्चर्य होता है, सुख, दु:ख और प्यार भी होता है, यहाँ तक की जुगुप्सा और किसी वस्तु से अलगाव भी शामिल होता है। इन सभी को भावों के अन्तर्गत रखा जाता है, जबकि अनुभूति इसका अनुशंसात्मक स्वीकार है, जिसमें मानसिक और भौतिक उपागम शामिल होते हैं। कविता में कवि और पाठक दोनों के भावों को जोड़ा जाता है। अच्छि कविता में कवि और पाठक दोनों की अनुभूति जाग्रत हो। कोई भी पाठक सौन्दर्यात्मक संवेदनाओं के कारण कविता से जुड़ता है और जब वह कविता एक प्रभावी शिल्प में व्यक्त होती है, तो वह आनन्द का भी अनुभव करता है। अत: कविता की अनुभूति को कविता की संरचना के माध्यम से ही सम्प्रेषित किया जाता है।

काव्य लेखन के सन्दर्भ में गद्य और पद्य के अन्तर को समझना भी उचित होगा। कविता एक संश्लिष्ट साहित्य की रचना है, जिसमें तर्क कार्य नहीं करता। इसके भाव तो रेडियम की तरह होते हैं, जबकि गद्य में कथन अधिक होते हैं। कविता में कल्पनात्मक बिम्बों का संयोजन होता है। गद्य में तथ्यों का समावेश होता है, जबकि कविता में कल्पनाओं का। गद्य उपयोगिता से जुड़ा होता है, जबकि कविता

भावात्मक आवेगों से। गद्य में संरचना रचना की ओर ले जाती है, जबकि कविता में रचना ही संरचना की ओर ले जाती है। आदिम मनुष्य भावों से भरा था इसीलिए संसार के हर साहित्य में सबसे पहले पद्य में ही लिखा गया है, गद्य में नहीं। गद्य और पद्य में लय ही मुख्य अन्तर निर्धारण करती है। पद्य में रूपक और आलंकारिक भाषापर जोर देना पड़ता है। कविता का एक रूप, आकार और संरचना होती है। कविता की सामग्री को कवि बाहरी संसार को अपनी दृष्टि से देखते हैं। इसी कारण उसकी विभिन्न प्रजातियों में मिथकों, प्रतिकों, बिम्बों, रूपकों सहित रचना के अनेक आधारों को अंकित किया गया है। एक गठन के बिना कोई कविता नहीं लिखी ज़ा सकती। वह पारम्पारिक रूप में हो या नये रूप में। कविता में विचारों और भावों का मुक्त प्रवाह होता है, किन्तु यह खुली तकनीकों के माध्यम से ही अपने आप विकसित होता है। कविता केवल आकर ही नही, वह प्रकृति भी है। जैसे ही हम दर्पण सामने रखते हैं, उसमें अचानक एक चेहरा सामने आ जाता है। वह चेहरा केवल आकृति नहीं होता उसमें भावों की अनेक तरंगें होती हैं, जो एक दीप्ति के समान उभरने लगती है। कविता की सारी संरचना इसके समग्र सौन्दर्यात्मक प्रभाव से जुड़ी होती है। जिस प्रकार शक्ल का कोई भी भाग अगर सुगठित न हो तो सौन्दर्य विरूप में बदल जाता है। उसी तरह यदि संरचना सन्तुलित और व्यवस्थित न हो तो कविता नष्ट हो जाती है। प्रेम की अनुभूति को कितने सहज रूप में रखा जा सकता है। इसका उदाहरण निराला की कविता से लें—

हँसो अधर-धरी हँसी, बसो प्राण-प्राण बसी।
करुणा के रस उर्वर, कर दो असर-ऊसर
दुःख की संध्या धूसर, हीरक-तारकों कसी॥

कविता अनुप्रासिकता से भरी होती है। इसमें शब्द का संगीत होता है। आकार में वह एक ऊर्जा होती है। कविता छन्द में हो सकती है और आधुनिक कविता तो छन्द मुक्त ही होती है। उसमें लय की प्रधानता होती है। अज्ञेय की एक कविता को हम देखते है की उसमें छन्द नहीं है, किन्तु एक चित्र है। इस तरह कविता कभी बिम्ब बन जाती है और कभी प्रतीक। अभिप्राय यही है की कविता में सृजन की एक संरचना होती है। उसके शब्द ही उसकी अभिव्यिक्ति बन जाते हैं—

उड़ गयी चिड़िया, काँपी, फिर; थिर, हो गयी पत्ती।

कविता की कला : अनुभव और आनन्द से ही कविता का आरम्भ होता है कविता का पद्य रेडियो की ध्वनियों के समान पाठकों के मन में उतरती है।

टेलीविजन, वीडियो, कंप्यूटर के खेल, विज्ञापन आमन्त्रण कार्ड या फिल्म कविता सभी प्रकार सें इन्द्रियों को प्रभावित करती है। आँख, जिह्वा, कान, हृदय यहाँ तक कि हमारे धमनियाँ में जो रक्त प्रवाह होता है, उसको भी मन में उतार देती है। कविता लेखन में धनियों की वह व्यवस्था अपने आप में एक स्पेस बन जाती है। कविता के पृष्ठ पर लयों का एक संसार होता है। जो हवा की तरंगों की तरह सुना जा सकता है। अनुभव और अनुभूति एक साथ कविता में आते हैं। कविता लेखन में लय के साथ ही तुक और छन्द का प्रयोग किया जाता है। भाषा में संगीतात्मकता होती है। इसी कारण जहाँ छन्द नहीं, वहाँ लय के साथ तुक का प्रयोग किया जाता है। वस्तुत: ध्वनि और परिज्ञान के साथ कविता की लय जुड़ी होती है। इसीलिए जहाँ छन्द नहीं होता निराला के काव्य की पंक्तियों में योग्य-जन जीता है—

पश्चिम की उक्ति नही, गीता है, गीता है।

कविता में शब्द योजना अत्यन्त महत्त्वपूर्ण होती है। काव्य की शब्द योजना का अर्थ है, उन काव्यात्मक शब्दों और मुहावरों को विशेष प्रयोग जिससे कविता के आवेग और कल्पना को व्यक्त किया जा सके। यह शब्द योजना विषय के अनुरूप होती है और इसमें एक विशेष प्रकार की मनोदशा और वातावरण निहित होता है, जिससे भाषा के वर्तमान प्रयोगों को इसमें रचा जाता है। किसी भी कविता का शिल्प ही उस कविता का शब्द समूह है और जिस रूप में इसे संयोजित किया जाता है, वह विभिन्न बन्दों और खण्डों में रचा जाकर कविता के शिल्प का निर्माण करता है।

कविता लेखन करते समय कवि को शब्द, सुर, ताल, भाषा, शिल्प को बिम्बों और प्रतीकों से जुड़ना आवश्यक होता है। कविता में कोई भी बिम्ब एक सार्थक विस्तार के साथ शब्द को चित्र के रूप में अंकित किया जाता है। विदेशी कविता में तो बिम्बवाद की एक अवधारणा ही है। एजरा पाउंड ने बिम्बों को बौद्धिक और कल्पनात्मक समन्वय के रूप में अंकित किया है। किसी भी बिम्ब में बिम्ब की समग्रता होती है और वही कविता के रूप में मानसिक चित्रों को उताराने का काम करती है कविता में बिम्ब श्राव्य और दृश्य को मिलाने के काम करते हैं। कविता लिखते समय कोई भी कवि तभी सफल होता है, जब वह पाठक के मन में शब्द संयोजन के माध्यम से एक मानसिक चित्र निर्माण कर देता है, यह मानसिक चित्र भी एक प्रतीक के रूप में आता है।

काव्य लेखन करते समय कवि के पास जो अनुभव होता है, वह कविता के माध्यम से ही पाठक में उत्पन्न किया जाता है। वस्तुत: हर व्यक्ति के मन में भाव

होता है, वही भाव कविता को जगाता है। इसीलिए कभी-कभी एक शब्द ही प्रतीक बनकर आ जाता है। आखों में आँसू अधिकतर दुख का प्रतीक है पर कभी-कभी यह सुख का प्रतीक बन जाते हैं। रोमांच में सुख मे भी आँसू निकल आते हैं। प्रसाद के काव्य में—

जो धनी भूत पीड़ा थी, मस्तक में स्मृति बन छाई।
दुर्दिन में आँसू बनकर वह आज बरसने आई॥"

यहाँ व्यथा और आँसुओं का प्रतीकात्मक बिम्ब ही है। कविता में यह अनुभूति भाव की एक विचार से जन्म लेती है। इसमें सामग्री का नहीं अनुभूति का महत्त्व है। इसीलिए किसी भी विचार और अनुभव को अनुभूति का आधार मिल जाता है। किसी भी पहाड़ी पर चढ़ना या किसी भी नदी में तैरना भी कविता में एक बिम्ब के रूप में उभर सकता है। कहने का मतलब इतना है की कवि जिन प्रतिकों का प्रयोग करेगा वह सार्वदेशिक होते हैं और इसीलिए समझ में आता है। कवि अपने विचारों और वस्तुओं को उन्हीं प्रतीकों में ढालकर पाठकों के सामने रखता है। सूर्य रोशनी का प्रतीक है और वह दिन से जुड़ा है जब कि रात का प्रतीक अँधेरा है। कवि इनका प्रयोग उन्मुक्त होकर करता है। यही तो काव्य की अभिव्यंजना होती है। जो सूक्ष्म होकर भी रचनाकार को अपने पाठक से जोड़ने का काम करती है। कविता का रूप और उसकी वस्तु सहजता सें सम्प्रेषित हो सकते हैं, यदि उनके विचारों को किसी रूपक के माध्यम से व्यक्त किया जा सकता है। स्मृति के बिखरे चित्र कई बार मन में आते हैं और स्मृति के माध्यम से भी कवि अपने विचारों को व्यक्त करने का काम करता है। कई बार वह इसे प्रेम की अनुभूति से जोड़ देता है और यही प्रकृति के तत्त्व भी मानवीकरण के रूप में आ जाते हैं। उदास साँझ का एक चित्र अज्ञेय ने इस प्रकार रचा है—

सूनी-सी साँझ एक, दबे पाँव मेरे कमरे में आयी थी।
मुझ को भी वहाँ देख, थोड़ा सकुचायी थी।

कविता एक ऐसा लेखन है, जिसमें रूप के साथ मनोदशा, भावना के साथ सुर-ताल और भौतिक तत्त्वों के साथ उसकी सारी संरचना एक विशेष प्रकार की संयोजित अवस्था में रची जाती है। भाषा और वाक्य विन्यास में भावों के रंग होते है। कविता लेखन की सारी प्रक्रिया को व्यवस्थित रूप में मुक्तिबोध ने कलात्मक अनुभव के तीन क्षणों के रूप में रखा है। वस्तुत: सबसे पहले तीव्र अनुभव का क्षण आता है, जिसके बिना कोई भी कविता नहीं लिख सकता। इसके उपरान्त इस

अनुभव को मन के भीतर के भाव से जोड़कर एक ऐसा स्वप्न चित्र निर्मित किया जाता है कि जैसे अनुभूति आँखों के सामने खड़ी हो गयी है। उसके उपरान्त फिर इसे शब्दों में रचा जाता है, क्योंकि शब्द ही काव्य सृजन को माध्यम है।

कविताओं में अलंकारों और छन्दों का प्रयोग व्यापक रूप से किया जाता है। अनेक प्रकार के छन्दों में तान्त्रिक और वर्णिक छन्द हुआ करते हैं। अभिप्राय इतना ही है कि कविताओं का सम्पूर्ण प्रारूप छन्द पर निर्धारण होता है। इनमें मधुरता होती है। इस तरह कविताओं में आन्तरिक और बाहरी कन्तुकों का प्रयोग किया जाता है। एक तरह से तुक और लय (Rhyme and Rhythm) का व्यापक रूप से प्रयोग किया जाता है। दो पंक्तियों की कविता या आठ पंक्तियों की कविता होती है। अभिप्राय यही है कि कविता लेखन में कविता की इन सारी भौतिक संरचनाओं में ध्यान में रखना आवश्यक है। कविता में भौतिक संरचना में इन सभी का व्यापक महत्त्व है। 'Physical Parts of the structure of pem include meter and rhythm, lines, stanzas, rhyme and sound patterns.'

अनुभूति और रूप

कविता में अनुभूति और रूप का महत्त्व एक दूसरे से इतना अधिक जुड़ा है कि मुक्त पद्य और निश्चित रूप के साथ उसे रच दिया जाता है। कविता में शिल्प में एक नया रूप मिलता है। निश्चित रूप के अन्तर्गत प्राचीन कविता में दो, चार, छह आठ आठ इस तरही की पंक्तियों की रचना के निर्धारित रूप है। किन्तु जब कविता मुक्त हो जाती है, तो वह केलव लय पर चलती है। आधुनिक युग में इसीलिए गीत और कविता को एक नये रूप में जोड़ा गया है। यहाँ कहा गया है कि छन्द से मुक्त जो भी कविता है वह गीत विरोधी नहीं है। उसमें प्रगीतात्मकता के तत्त्व होते हैं। कविता केवल अनुभूति ही नहीं, उसमें विषय से अधिक तकनीक का महत्त्व होता है। जिसके अभाव में कविता अधूरी रह जाती है। कविता के शिल्प में ध्वनि का सम्बन्ध नाद से है। शब्द की ध्वनियों के मिश्रण से नाद का रेखापट बनता है। भाषा, छन्द, गति विराम और लय इन सभी की अन्तरक्रिया का संयोजन किया जाता है। कविता में छन्द हो या न हो, किन्तु उसमें आन्तरिक लय आवश्यक है। नाद का क्रमागत प्रतिक्रम ही कविता का लय है। कविता छन्द से मुक्त तो हो सकती है, किन्तु लय से उसकी मुक्ति सम्भव नहीं है, परन्तु काव्य की लय और संगीत की लय में अन्तर हुआ करता है। संगीत में ताल और सुर-ताल का महत्त्व है। कविता में संगीत रचना के अनुरूप आता है।

आज की कविता पर जो इल्जाम लगाया जाता है कि जो छन्दहीन होकर गद्यात्मक है। किन्तु यह एक भ्रम है। छन्द से मुक्ति का अर्थ लय से मुक्ति नहीं है। कविता अर्थ के आन्तरिक नाद, जिस का अभिप्राय लय से मुक्ति है, से अलग होकर कविता नहीं रह जाती। कविता का जो भी अर्थ है, उसमें लय होती ही है। स्वर ध्वनियों से यह लय बनती है, जो सार्थक नाद से जुड़ जाती है, अत: रचना की नाद छवि को अर्थ की ध्वनि से जोड़ना आवश्यक माना गया है। आज के युग में दृश्य और श्रव्य का पुराना भेद महत्त्व नहीं रखता, क्योंकि कविता अब केवल शब्द न होकर दृश्य भी है। वह शब्दों से आगे जाकर अर्थ को भी सँभालती है। उसमें ध्वनियों और अन्तर ध्वनियों, स्वरों और अन्त:स्वरों का संगम होता है। कहीं वह छन्द के बन्धन को तोड़ती है, तो कही संगीत के गेयत्व को अपनाती है। मीरा और महादेवी के गीत अत्यन्त प्रसिद्ध है। छन्द को काव्य भाषा की आँख कहा गया है, किन्तु अज्ञेय ने छन्द के बन्धन को तोड़ने का समर्थन करते हुए लय से जोड़ा है और लययुक्त छन्द का समर्थन किया है। कविता ने आज भी लय को नहीं छोड़ा है, वे अनुप्रास के स्थान पर स्वरों की शक्ति का प्रयोग किया करते हैं। वास्तविक रूप से अच्छी कविता लय से जुड़ी रहती है। लय में भाषा के प्रयोग की स्वतन्त्रता होती है। अब व्याकरण के आगे सम्प्रेषण को महत्त्वपूर्ण माना जाने लगा है। अब काव्य में ध्वनियों से अर्थ और अर्थ से ध्वनियाँ उत्पन्न होने लगी है। कवि जन भाषा का प्रयोग करता है। शब्द सम्भाषण, वाक्य, कहावतें और मुहावरे, यहाँ तक कि विरामचिह्न और आदि के लिए तिरछी लकीरों का भी प्रयोग किया जाने लगा है। बोलियों के प्रयोग भी शामिल किया जाने लगा है। शब्द चयन में ही शब्दों का संयोजन बन जाता है। शब्दों, ध्वनियों और वाक्यों के चयन के साथ ही वह विशिष्ट रूप में प्रसंगों के अनुकूल क्रिया पदों का चयन भी करता है, रचनाकार शब्दों का प्रयोग उन चित्रों को व्यक्त करने के लिए करता है, जो अनेक ध्वनियों से आकार पाते हैं। कविता स्वतन्त्र हो गयी है और उसकी भाषा भी स्वतन्त्र है। अब कविता की शिल्प अवधारणा बदल गयी है। कविता में एक संवाद वाली पंक्तियाँ होती हैं।

अत: कविता का कोई निश्चित आकार नहीं है। वह अब तुकान्त पद्य न होकर अतुकान्त पद्य भी हो सकती है। उन्मुक्त कविता में शब्दों का आघात नहीं होता, मापन नहीं होता, नियमित लय नहीं होती और एक समान बिम्बों के प्रारूप नहीं होते। कविता में अनेक अक्षरों को, शब्दों, मुहावरों का प्रयोग होने लगा है। कविता में शब्द और संगीत मिलकर एक नृत्य के समान भी प्रभाव उत्पन्न कर सकते हैं। नृत्य की तरह कविता लिखी जा सकती है। जिसमें भाव निरन्तर संचरित होते हुए लगते

है। कविता मुक्त पद्य से जुड़ी एक और रचनात्मक प्रवृत्ति है, जिसमें कविता लेखन के अनेक प्रमुख रूप सामने आते हैं। संगीतात्मक रूप में प्रगीत रचना प्रमुख है साथ ही विवरण से भरी कविताएँ भी लिखी जाती हैं। इसी प्रकार से कविता एक नाटकीय रूप भी है। प्रगीतात्मक रूप में भाषा की एक अलग प्रकृति सामने आती है। अंग्रेजी रोमानी कवियों ने और हिन्दी के छायावादी कवियों ने इसे अंकित किया है। वर्डसवर्थ 'spotaneous overflow of powerful feelings' कहते हैं। उनकी पंक्तियों में—

And then my heart with pleasure fills,
and dances with the daffldils
The music in my heart I bore,
long after it was heard no bore.

कविता में किस तरह ऊर्जा निर्माण होती है यह निराला ने लिखा है—

तेरे सहज रूप में रंग कर, झरे गान के मेरे निर्झर।
भरे अखिल सर, स्वर से मेरे सिक्त हुआ संसार॥

कविता प्रगीतात्मक कविता संगीतात्मक अभिव्यक्ति और संगीतात्मक स्वरों से भरी होती है। यह लेखन ही काव्यात्मक अभिव्यक्ति का एक प्रमुख रूप होती है। गीत वही है, जो गेय हो। इस प्रगीतात्मक रचना के कई रूप भी होते है, जिसमें लम्बी गाथाएँ, सम्बोधन और दुखपूर्ण गीत भी होते हैं। कविता में जो गाया जाता है, उसमें प्रेम, युद्ध, राष्ट्रीयता और शान्ति जैसे तत्त्वों का भी समावेश होता है। शोक गीत में प्यार, युद्ध और मृत्यु इन सभी का चित्रण होता है। थॉमस ग्रे की—'Elegy written in a countrty churchyard' अत्यन्त प्रसिद्ध शोक गीत है। निराला का अपनी पुत्री की असामायिक मृत्यु पर 'सरोज समृति' शोक गीत लिखा है। कवि इस दु:ख को सहन नहीं कर पाता—

'दु:ख ही जीवन की कथा रही
क्या कहूं आज जो नहीं कहीं।

कविता में हर तरह के स्वर होते है, जिसमें पाठक को सम्प्रेषित किया जाता है। नये प्रयोग भी होते हैं। कहीं-कहीं पर प्रकृति और समृति को जोड़ दिया जाता है। कविता ने प्राचीन युग से लेकर अबतक एक लम्बी यात्रा तय की है। कविता के अनेक रूप है। कविता लेखन के साथ इन प्रारूपों का ज्ञान आवश्यक है। किस तरह प्रबन्ध और मुक्तक कतिवा के अलग-अलग रूप है। सृजनात्मक लेखक से किस तरह बातचीत की जाती है और किस तरह उसका साक्षात्कार लिया जाता है। यह

एक अत्यन्त महत्त्वपूर्ण प्रक्रिया है। कविता भाव से जुड़ी होने से उसका यह अर्थ नहीं है कि उसकी वस्तु योजना और प्रकारों का महत्त्व नहीं है। कविता के विषय संवेदना के साथ जुड़कर ही सामने आते हैं। कविता में शब्दों का प्रयोग अत्यन्त सावधानी से करना पड़ता है। कविता की ध्वनियों का कई प्रवाहों से निकलना पड़ता है। इस तरह कविता में शब्द का माध्यम अत्यन्त महत्त्वपूर्ण होता है।

वर्तमान में कविता लेखन में अनेक समस्याओं का सामना करना पड़ता है। क्योंकि कविता लेखन के विशिष्ट क्षेत्र भी बन गये हैं, जैसे युवाओं के लिए, कैंपस कविता, बच्चों की कविताएँ, यहाँ तक कि हर वर्ग के लिए अलग-अलग ढंग से कविताएँ लिखी जा रही हैं। यह विशिष्टताओं का युग है। कविता को गद्य में भी बदला जा रहा है। इस तरह सम्प्रेषण पर अधिक जोर दिया जा रहा है। कविता के अनेक प्रयोगों में श्रव्य-दृश्य विधान के रूप में अनेक बिम्बों का निर्माण किया जाता है। अनेक जटिल प्रकारों के बिम्बों का प्रयोग कवि करने लगे हैं। जिस कवि का शब्दज्ञान अधिक होगा, वह उतने ही प्रकार से अपनी कविता में इनका प्रयोग कर सकेगा। कविता में बिम्बों के निर्माण के साथ ही कहाँ अन्तराल रखना है और उस अन्तराल में भी कोई-न-कोई अर्थ होता है। इस तरह कविता उन तकनीकों से जुड़ गयी है, जो यथार्थ को नया रूप देते हैं, उसे एक नई प्रतीकात्मता से जोड़ते हैं। यह कहा गया है कि भावों कि अभिव्यक्ति सीधे नहीं होती तो जगाया जाता है।

कविता लेखन की तकनीक

कविता लेखन में अनेक प्रकार की तकनीक का प्रयोग किया जाता है। सबसे पहले एक विचार, वस्तु, अनुभव, स्मृति, व्यक्ति, मुहावरा, बिम्ब या शब्द मन में आता है, तो कविता छोटी-लम्बी, गीतात्मक, विचारपरक, नाटकीय, सानेट, हाइकु आदि प्रकार की बन जाती है। यह आवश्यक नहीं कि इन सभी मान दण्डों पर कविता लिखी जाये। आजकल तो संवाद को लेकर भी हम कविता बना सकते है। अब भाषा का मिजाज बदलने लगा है। जैसे–तुम हो, नहीं हूँ। फिर क्या हो? वह जो होकर भी नहीं है। इस तरह शब्दों में अर्थ भरे जा रहे हैं भाषा बदल रही हैं। आज का युग अन्तरविधाओं का युग है। गद्य को कविता की तरह लिखकर विज्ञापन आकर्षक बनाया जाता है।

कविता की सामग्री को किसी अस्थायी संयोजन में भी रचा जा सकता है। कविता यह भीतरी प्रवाह से निकली है, किन्तु उसे रूप देने के लिए संघर्ष करना पड़ता है। मुक्तिबोध ने कविता के आत्मसंघर्ष की बात की है। यह संवेदना का संरचना देने के लिए करना पड़ता है।

कविता की पंक्तियों को रचने के लिए उपयुक्त शब्द की खोज और उसकी अभिव्यक्ति करना आवश्यक है। कविता को प्रत्यक्ष या अप्रत्यक्ष किस प्राणाली में लिखा जाये, यह निर्धारित करना भी आवश्यक होता है। यह समय मशीन लेखन का भी समय माना जाता है। व्यक्ति अनेक प्रकार से अपनी संवेदना सँवारने का काम करता है। अत: कविता का संसार एक अत्यन्त व्यापक संसार है। वह एक सॉफ्टवेयर की तरह है, जिसके पासवर्ड का पता केवल कवि को होता है। किन्तु उसका सम्प्रेषण एक इंटरनेट की तरह सारे संसार को हो जाता है।

कविता के विषय वस्तु से अधिक संवेदना का महत्त्व होता है। विषय वस्तु के विकास के साथ भाषा के माध्यम से अनेक काव्य सृजन की प्रणालियों का उपयोग करना पड़ता है। कविता अपने आप पढ़कर देखने के बाद यह पता लगाना आवश्यक है कि क्या वह मर्म स्पर्श कर सकती है। उसका आकार और प्रामाणिकता में संवेदना में एकाग्रता है। कविता केवल पंक्तियों को लिखना ही नहीं होती तो उसके शिल्प विधान को भी लक्ष्य देना आवश्यक होता है।

कविता कल्पनात्मक जगत की रचना होते हुए, वास्तविकता से जुड़ी होनी चाहिए। कविता की अभिव्यंजना को किस प्रकार सम्प्रेषित किया जाए, यह एक अत्यन्त महत्त्वपूर्ण सवाल है। कविता में समय के अनुरूप नये बिम्बों और प्रतीकों की तलाश करना आवश्य होता है। अनुभूति और संवेदना के उपकरणों से सज्जित रचनाकार अपनी कविता में नये शिल्प निर्माण करता है। हम देखते हैं कि आज का युग तनाव भरा युग है। कहने का मतलब यह है कि कविता में नयी गतिशीलता आती है। निरन्तर इसका विकास होता है। नयी मनोदशा और सुर तान के साथ शब्द को नया अर्थ मिलता है। शिल्प को नया प्रारूप मिलता है। किन्तु सबसे अधिक महत्त्व की बात है कि कविता का प्रभाव कितना पड़ता है।

वस्तुत: कविता लेखन साहित्य की सर्वाधिक संवेदनशील सर्जनात्मक विधा है। इसमें अभिव्यक्ति की प्रणालियों का व्यापक रूप मिलता है। कविता लेखन का आरन्भ प्रबन्ध काव्य से हुआ था, जो छन्द में एक कथा सूत्र में रची जाती थी। इसके भी अनेक रूप थे, जिनमें खण्ड काव्य और लघु प्रबन्ध काव्य मुख्य थे। इसके उपरान्त गीतकाव्य, मुक्तक काव्य अब महाकाव्यों का युग नहीं है, किन्तु लम्बी कविताएँ लिखी जाती हैं।

कविता लेखन में कवि को इन सभी प्रणालियों का विश्लेषण करते हुए काव्य संरचना का ज्ञान आवश्यक है। कविता केवल आवेग मात्र नहीं है। उसमे रूपक और उपमा का भी प्रयोग होता है। रूपक और उपम के माध्यम से बिम्बों का विधान भी किया जाता है। रूपक भाषा जब कार्यरत होती है, तो वह सौन्दर्य रच देती है।

रूपक भाषा अत्यन्त व्यापक होती है। वह एक प्रकार की संरचना निर्माण करती है। उपमा और रूपक से आगे अर्थ को विस्तार देने के लिए प्रतीक और अन्योक्ति का माध्यम चुना जाता है। कविता एक संरचना से जुड़ी होती है और उसका रूप नाटक के समान भी होता है। कहीं यह उपन्यास के रूप में भी आ जाती है। अत: इसकी विषय वस्तु अत्यन्त व्यापक मानी गयी है। कविता लेखन में इन सबका ज्ञान होना आवश्यक है। आजकल तो हम देख रहे हैं कि अनेक प्रयोगशालाओं में यह सिखाया जाता रहा है। कविता के कई रूप होते है, किन्तु वे उलझे हुए न हो उनकी भाषा सरल और सम्प्रेषणीय हो। इसी कारण गद्य की तरह लिखी जाने वाली कविताएँ भी सामने आ रही हैं।

आजकल कविता लिखना बहुत सरल लग रहा है, किन्तु यह बहुत कठिन हो गया है। उसमें अनेक मनोवैज्ञानिक और सामाजिक जटिलताओं का समावेश है। फिर कविता अगर अर्थवान नहीं है, तो उसका कोई महत्त्व भी नहीं है। कविता संवेदनाओं की अनेक परतों से खेलती है। अत: कविता रचना करना हर व्यक्ति का काम नहीं है। अच्छी कविता लिखना एक विशेष प्रकार की प्रतिभा की माँग करता है।

2.2 कथा साहित्य : सृजनात्मक लेखन

कथा लेखन के अनेक रूप है। प्रमुख रूप से उपन्यास और कहानी को इसमें शामिल किया जाता है। यह कहा गया है कि उपन्यास और कहानी आज सर्वाधिक लोकप्रिय विधा है। मुख्यत: उपन्यास के माध्यम से वर्च्युअल दुनिया का निर्माण किया जाता है। वास्तविक जीवन में जो नहीं हो पाता वह उपन्यास और कहानी में हो जाता है। इस तरह उपन्यास और कहानी की रचना ने एक नये सृजन संसार का निर्माण किया है। उपन्यास वही सार्थक है जिसमें घटनाएँ वास्तविक जीवन के समान लगें। यद्यपि वे वास्तविक घटनाएँ नहीं होतीं पर उन्हें वास्तविक लगना चाहिए। कथानक के बिना कोई भी कहानी नहीं कहीं जा सकती। मनुष्य के जीवन में उसके जो भी प्रयोजन है, वे इस कथानक में शामिल होते हैं।

उपन्यास के रूप : उपन्यास लेखन में उपन्यास किन रूपों में लिखा है। उसके कथानक का निर्माण किस प्रकार हुआ और उसमें संरचना के कितने तत्त्व कार्यरत होते हैं। इस सबका विश्लेषण आवश्यक है। कथानक, पात्र और संवाद से ही उपन्यास की रचना होती है। कभी उपन्यास में घटनाएँ प्रधान होती है, तो कभी व्यक्तियों को प्रधानता दी जाती है। प्रेमचन्द जी के बाद हिन्दी उपन्यास में अनेक प्रवाह सामने आये। उपन्यास में यथार्थ को नयी परिभाषा मिली, जिसमें समाज और मनोविज्ञान दोनों का समोवश था। प्रेमचन्द ने भारतीय संस्कृति और मार्क्सवाद दोनों

का समन्वय किया/उसके उपरान्त आंचलिक उपन्यासों का विकास हुआ। आंचलिक उपन्यास का अर्थ है अंचल विशेष के उपन्यास। इसमें ग्रामीण अंचल का ही नायक बन जाता है। इसमें अनेक पात्र होते हैं, जो व्यक्ति नहीं वर्ग होते है। फणीश्वरनाथ रेणु का उपन्यास 'मैला-आँचल' आंचलिक उपन्यास का सर्वोत्तम उदाहरण है। आंचलिक उपन्यासों के साथ ही मनोविज्ञान उपन्यास की रचना का व्यापक महत्त्व है। मनोवैज्ञानिक उपन्यास कथा प्रधान न होकर पात्र प्रधान होते हैं। इसमें चेतन और अचेतन का महत्त्व होता है। मनुष्य के मन में अनेक स्वप्न होते हैं। इसे अवचेतन के अन्तर्गत रखा जाता है। व्यक्ति के भीतर जो दबी हुई अतृप्त इच्छाएँ होती हैं, यौन कुण्ठाएँ होती हैं, उन्हें कथानक के माध्यम से व्यक्त किया जाता है। व्यक्ति को जो वास्तविक जीवन में नहीं मिलता उसे वह अपने स्वप्न में प्राप्त करने की कोशिश करता है। जैनेन्द्र ने कहा है कि 'उपन्यास' में जैसी दुनिया है, वैसा चित्रण नहीं होता। दुनिया का कुछ उठा हुआ, उन्नत, कल्पित रूप चित्रित किया जाता है। उपन्यास का लक्ष्य केवल कथा कहना नहीं होता। कथा केवल माध्यम मात्र है। लेखक कथानक और पात्रों के माध्यम से जीवन के अनुभव खण्डों को अंकित करता है। उपन्यास के पात्र यथार्थपरक हो तभी वह प्रभावित करते हैं। उपन्यास जीवन को गति देता है। एक कैनवास होता है, जिस पर घटनाओं के चित्र बनाये जाते हैं। उपन्यास स्वरूप निर्मित होता है। उपन्यास में मनोविज्ञान के कारण कथातत्त्व अधिक नहीं होता केवल मानस मंथन ही अधिक होता है। जैनेन्द्र कुमार ने अपने उपन्यासों में स्त्री पात्रों के माध्यम से उनका मनोविश्लेषण किया है। उनका उपन्यास 'सुनीता' की कथासुत्र अत्यन्त गम्भीर है। उपन्यास का पात्र श्रीकान्त अपनी पत्नी सुनीता को अपने मित्र हरिप्रसन्न को खुश करने का आदेश देता है, जिसे निभाने में सुनीता एक गहरे अन्तर्संघर्ष से गुजरती है। इस उपन्यास में स्त्री की सामाजिक अवस्था के साथ हरिप्रसन्न की कुण्ठा का भी चित्रण है। पात्र प्रधान उपन्यास में अज्ञेय का 'शेखर एक जीवनी' भारत विभाजन की पृष्ठभूमि पर उनका झूठा-सच यशपाल का बहुत लोकप्रिय हुआ। प्रेम सम्बन्धों को समाज के जीवन से जोड़ता हुआ। धर्मवीर भारती का 'गुनाहों का देवता' नरेश मेहता, भीष्म साहनी, मोहन राकेश, निर्मल वर्मा, मन्नू भंडारी जैसे अनेक उपन्यासकारों ने जीवने के विभिन्न परिवेशों पर उपन्यास लिखे है।

कथानक की रचना : उपन्यास के कथानक का विस्तार संघर्ष के माध्यम से होता है। दो विपरीत दिशाओं में चलता हुआ कथानक आगे बढ़ता है। यह संघर्ष दो व्यक्ति को या दो विपरीत दिशाएँ, दो समूह, दो गाँव या दो देश को लेकर हो सकता है। इस कथानक में विपरीत शक्तियाँ उत्सुकता जगाती है, सन्देह उत्पन्न करती है

और तनाव को रचती है। एक तरह की सौन्दर्यमूलक प्रतिस्पर्धा जीवन की रक्तवाहिनी की तरह उपन्यासों में आती है। पात्रों का परस्पर संघर्ष कथानक को आगे बढ़ाता है। 'गोदान' का प्रमुख पात्र होरी जो किसान का प्रतिनिधित्व करता है। वह साहूकार के कर्ज में आकण्ठ डूबा हुआ है। यही सें कहानी में संघर्ष का आरम्भ होता है। इस उपन्यास में यह स्पष्ट है कि होरी का जीवन ही निरन्तर संघर्ष का नाम है। उसकी पत्नी धनिया में अधिक दृढ़ता के साथ व्यावहारिकता है। साथ में इस उपन्यास के कथा में दो संस्कृतियों का संघर्ष भी अंकित हुआ है।

पात्रों की भूमिका : उपन्यास में केवल कथानक ही नहीं पात्रों की भूमिका भी अत्यन्त महत्त्वपूर्ण होती है। उन्हें जीवन की अनेक स्थितियों को एक ओर विस्तार पाते संघर्षों और दूसरी ओर वास्तविक प्रयोजनों और आशाओं के बीच निर्मित किया जाता है। कहानी का संयोजन और उसका विकास संघर्ष के अन्तर्वेश से ही होता है। सबसे पहले पात्रों की रचना की जाती है, जिससे कथानक के केन्द्रीय विचार का पता चलता है। किसी कथानक का वर्णन करते हुए उसके संघर्ष को साथ रहना पड़ता है। तभी कथानक के अंगों का विकास होता है।

संरचना और संघर्ष : उपन्यास लेखन में कथानक के अंगों का विकास उन मुख्य तत्त्वों के आधार पर केन्द्रित करने से होता है, जिसके माध्यम से कोई भी कथा संघर्ष योजना का अंग बनती है। जब किसी विचार का विकास करना हो तो सबसे पहले यह सवाल उठता है कि संघर्ष क्या है? और कथा रचना में उसकी क्या आवश्यकता है। जिन पात्रों की रचना की गयी है, वे परस्पर विरोधी है। इसीलिए उपन्यास में नायक के साथ खलनायक की कल्पना की गयी है। उपन्यास भी फिल्म लेखन के समान होता है, केवल विवरणों को संवादों में बदलना पड़ता है। उपन्यास में संवाद ही अधिक होते है। किन्तु कथा का विस्तार तब तक नहीं हो पाता जब तक उसमें संघर्ष को न पिरोया गया हो। संघर्ष विरोधी विचारों और मूल्यों के बीच पनपता है। संघर्ष अगर प्रमुख पात्रों में आता है तो वह निरन्तर विस्तार पाकर एक बड़े कथानक में बदल जाता है। अच्छा कथानक वही है, जिसमें अनावश्यक विस्तार न होकर संघर्ष को अधिक-से-अधिक पैना बनाया जाये। इससे उपन्यासों को अधिक सफलता मिलती है। जिसमें यह संघर्ष विस्तार के बजाय अधिक सघन होता है। मोहन राकेश के 'अँधेरे बंद कमरे' में यही सघनता मिलती है। मनुष्य का मन अँधेरे कमरे से मुक्ति पाना चाहता है। पर वह अन्तरद्वन्द्व में उलझकर रह जाता है। हरबंस और उसकी आधुनिक पत्नी नीलिमा मानवीय सम्बन्धों की अर्थहीनता से गुजरते हैं। यह उपन्यास दिल्ली के परिवेश के कारण महानगर में अकेलेपन की गहन अनुभूति से गुजरता है।

कथानक विस्तार में संघर्ष के साथ उसकी संरचना का भी महत्त्व है। संरचना ही उपन्यास का विवराण होता है। जिसमें कथा सामग्री का व्यवस्थापन करना पड़ता है। उपन्यास के लेखन में यह व्यवस्थापन संघर्ष को जोड़कर ही हो पाता है। संरचना के कई भाग साहित्य की अनेक विधाओं में एक समान होते हैं। फिर भी विधाओं की अपनी-अपनी विशेषता होती है। उपन्यास व्यापक रूप में और कहानी संक्षिप्त रूप में नाटक संवाद के रूप में, प्रारूपों के बीच रची जाती है। कथानक का एक ढांचा खड़ा किया जाता है। इसमें मुख्य पात्रों, कथा सामग्री और उसकी पृष्ठभूमि को अंकित किया जा सकता है। उसमें अनेक प्रकार के आश्चर्य हुआ करते हैं, जटिलताएँ होती हैं। उलझनें भी होती हैं, अचानक नयी चीजों का उदय भी होता है। जब नयी सामग्री लेकर कहानी आगे बढ़ती है। उसके उपरान्त अनेक प्रकार की जटिलताएँ आती हैं और संघर्ष की शुरुआत हो जाती है। संघर्ष के बाद कहानी और आगे बढ़ती है और वह शिखर पर पहुँच जाती है। उसके उपरान्त ही उसका परिणाम निकलता है। यह परिणाम सुखद भी हो सकता है और दुःखद भी।

उपन्यास लेखन की प्रणालियाँ

उपन्यास लिखने की अनेक विधियों में कुछ इस प्रकारी की कथाएँ होती हैं, जिनमें जटिलताओं से भरे और संघर्ष से युक्त कथानक रचना भी एक कला है। मनोवैज्ञानिक कथाओं में विस्तार की आवश्यकता नहीं होती और कभी तो मनोदशाओं को ही एक व्यापक कथानक के रूप में रच दिया जाता है।

संरचना की इन विविधताओं में मुक्त आसंग या फ्लेश बैक का महत्त्व बढ़ता जा रहा है। इससे कथानक की समस्या का हल निकाला जाता है। यह कथानक के चरम से जुड़कर उसे विकसित करता है। कई बार पात्रों की क्रियाओं को रचते हुए भी इन मुक्त आसंगों का प्रयोग किया जाता है। उपन्यास के कथानक के बाद पात्र दूसरा महत्त्वपूर्ण तत्त्व माना जाता है। इसमें किसी भी व्यक्ति के आन्तरिक जीवन, विचार, संवाद और व्यवहार का गठन किया जाता है। संवाद के माध्यम से पात्रों को चित्र खिंचा जाता है। इस चित्र में समग्र आकृति का एक भाग होता है। सारी क्रियाएँ और अन्तर्सम्बद्ध चुनने पड़ते हैं और उन्हें आकार देना होता है।

उपन्यास में जो पात्र होते हैं, उनकी पहचान करने के लिए कई प्रणालियाँ हैं। सबसे पहले पात्र किस तरह बोलते हैं और फिर उसके बाद वे किस तरह कार्य करते हैं। इस दोनों प्रकारों से पात्र का विकास होता है। एकपात्र दूसरे पात्र के सम्बन्ध में क्या कहता है और फिर लेखक भी किस तरह से उसका विवरण देता है। इन सबके आधार पर पात्रों की रचना होती है, जिन में सम्भावना, वास्तविकता और विविधता

का समोवश होता है। कथानक में दो तरह के पात्र होते हैं, एक प्रमुख पात्र और दूरसे साधारण पात्र। कथानक का विस्तार प्रमुख पात्रों के आधार पर होता है, जिसमें साधारण पात्र सहयोग की भूमिका निभाते हैं।

उपन्यास का परिवेश

उपन्यास में परिवेश उतना महत्त्वपूर्ण है, जितना कथानक और पात्र। वस्तुत: जगह, वस्तु और संस्कृति इस परिवेश का निर्माण करते हैं। परिवेश में मनुष्य के अकेलेपन को कोई अस्तित्व नहीं होता। उसे भी एक प्रक्रिया और अन्तर सम्बन्धता से निकलना पड़ता है। तभी उसे एक पहचान मिलती है। उसकी अपनी संस्कृति, अपनी वस्तुएँ होती है, वह किसी स्थान पर भी होता है और वह काम भी करता है और प्यार भी करता है। अत: साहित्य को आवश्यक रूप से स्थानों, वस्तुओं और परिवेश की पृष्ठभूमि का भी समावेश अपने वर्णन में करना पड़ता है। इस प्रकार यह परिवेश अत्यन्त प्राकृतिक होता है और एक प्रकार के सांस्कृतिक वातावरण में उसे निर्मित किया जाता है। जीवन में हमें बहुत-सी वस्तुओं को जीना पड़ता है, हमारी गतिविधियों होती है, हम अनेक दृश्यों से गुजरते हैं और लोगों से मिलते हैं या अपने घर में रहते है इन सबको कथानक में पात्रों के माध्यम से जोड़ा जाता है। यह सम्पूर्ण विचार अपने समय की परम्पराओं से भी जुड़े रहते हैं।

उपन्यास और कहानी

उपन्यास और कहानी में लेखन कला समान होती है। उपन्यास विशद होता है तो कहानी संक्षिप्त। उपन्यास में व्यापकता है तो कहानी में संक्षेपता होती है। कहानी में केवल एक ही कथा होती है तो उपन्यास में अवान्तर कथाएँ आ सकती हैं।

कहानी लेखन : कहानी लेखन की समस्या यह है कि कहानी का आकार छोटा होता है, किन्तु इसका अभिप्राय यह नहीं हो सकता कि वह उपन्यास का छोटा रूप हो। उपन्यास और कहानी दोनों अलग-अलग विधाएँ हैं। उपन्यास महाकाव्यात्मक होता है, उसमें आकार की दृष्टि से अनेक रूप होते हैं, किन्तु कहानी अधिक बड़ी नहीं होती। अत: कहानी को रचने में एक ही प्रमुख कथा को लिया जाता है। वी.एस. प्रिटचेट ने उपन्यास और कहानी के अन्तर को इस तरह समझाने का प्रयास किया है।

'The novel tends to tell us everything wheres the short story tells us any one thing and that intensely. It is, as some have said, a glimpse through' reseembling a painting or even a song which we can take in at once the mind.'

उपन्यास विस्तार है, तो कहानी संक्षेप है। उसमें मुख्य कथानक या मुख्य पात्र ही महत्त्वपूर्ण है। कहानी की परिभाषा को अनेक प्रकार से अंकित करने का प्रयास हुआ है। किन्तु कहानी का शिल्प इस प्रकार का होता है, कि उसमें कोई भी अन्तर्वस्तु समा जाती है। यद्यपि उपन्यास और कहानी में कथानक और पात्र होते हैं किन्तु उपन्यास से अधिक प्रभाववादी तत्त्व कहानी के काम करते हैं। कहानी सांकेतिक होती है, किन्तु उसे भी नाटक में बदल जा सकता है। मन्नू भंडारी ने कई कहानियों को नाटक में बदला है। उपन्यास और कहानी से नाटक में रूपान्तरण होता है। क्योंकि सभी में कथानक और पात्र होते हैं। कहानी नया सन्देश देती है। इसलिए कहा गया है कि आधुनिक कहानी एक ही विचार या संवेदना या स्थित पर केन्द्रित होती है। उसमें अवान्तर कथानक की गुंजाइश नहीं होती। फरग्युसन ने भी अपने विचार व्यक्त करते हुए कहा है कि कहानी के कथानक में एक ऐसा मोड़ आता है, जिससे कहानी अपने चरम पर पहुँच जाती है। वास्तव में कहानी को एक संश्लिष्ट आधार दिया गया है, तभी कहानी प्रभावशाली हो पाती है।

उपन्यास के भाँति कहानी के पात्र भी अत्यन्त महत्त्वपूर्ण होते हैं। चरित्र का निर्माण किस प्रकार हो, इसके सम्बन्ध में कहा गया है कि वह जटिल सपाट हो सकती है। जटिल पात्र में व्यक्तित्व की बहुत से प्रवृत्तियाँ होती हैं, जो उसे उलझन से भर देती है, किन्तु सपाट चरित्र में ऐसा नहीं होता। उपन्यास में दोनों प्रकार के पात्र हो सकते हैं, किन्तु कहानी में इसकी गुंजाइश नहीं होती। कहानी में संघर्ष होता है और यह संघर्ष किसी समस्या के कारण उत्पन्न होता है। इस संघर्ष में या तो कथातत्त्व की समस्या होती है या फिर पात्र का मनोवैज्ञानिक इसका कारण बनता है। कहानी के अनेक प्रारूप बन सकते हैं। उसमें संवाद अधिक हो सकते हैं या वर्णन। प्रेमचन्द की कहानियों में वर्णन अधिक है तो प्रसाद के कहानियों में संवाद अधिक है। उपन्यास में जैसे परिवेश होता है, वैसे कहानी में भी परिवेश आवश्यक होता है, जिसमें समय और स्थान का महत्त्व होता है। कहानीकार अनेक प्रकार से उन स्थानों की तलाश करता है, जिसके परिवेश में इन कहानियों की रचना की जाती है। वह कथानक में चरित्र का निर्माण भी करता है। इस तरह कहानी की रचना की जाती है।

कहानी के रूप : कहानी लेखन के विविध रूपों में लघुकथा का रूप सामने आया है। लघुकथा कहानी में कम आकार की होती है। लम्बी कहानी भी होती है जो उपन्यास के निकट है। काहनी और लम्बी कहानी में आकार का ही फर्क नहीं है, बल्कि उसमें कथानक विस्तार की अधिक गुंजाइश होती है। कभी तो लम्बी कहानी को लघु उपन्यास भी कहा जाता है। मोहन राकेश की 'मिरुपाल' और निर्मल वर्मा की 'परिन्दे' लम्बी कहानियाँ हैं।

कथा लेखन : कथा लेखन में उपन्यास और कहानी को ही मुख्य रूप से शामिल किया जाता है। उपन्यास और कहानी को रूपक या नाटक में बदला जाता है। उपन्यास और कहानी पर फिल्में बनी हैं। जिन कथा रचनाओं में संवाद अधिक होता है, उन्हें नाटक में बदलना अधिक सरल होता है। कथात्मक लेखन में मुख्य आधार उपन्यास और कहानी का ही लिया जाता है। कथा लेखन में विवरण की प्रधानता होती है। संवाद के माध्यम से इसे भी विस्तार दिया जा सकता है। कथानक का विस्तार पात्र से होता है या फिर पात्र विकसित होता है। आधुनिक युग में कथा रचना को सर्वाधिक महत्त्व प्राप्त है, क्योंकि यह मीडिया लेखन से भी जुड़ा है। अनेक प्रकार के सीरियल बनते हैं। उनकी कथा रचना बिना किसी आकृति के निरन्तर चलती रहती है। यह सोप आपेरा के समान है।

कथा लेखन हर विधा में महत्त्वपूर्ण होता है। उसके अनुरूप पात्रों का भी एक स्वरूप सामने आता है। कथा लेखन में विवरण और संवाद दोनों का उचित समन्वय करने से रचना अत्यन्त प्रभावी हो जाती है। उपन्यास का फलक यहाँ व्यापक है, वहाँ कहानी किसी भी छोटी घटना को लेकर रची जा सकती है। कहानी के लिए भी एक परिवेश की आवश्यकता होती है। कहानी किसी-न-किसी जगह पर या किसी-न-किसी के मन में विकसित होती है। मनोवैज्ञानिक कहानियों को अगर मुक्त आसंग और पौर्वाचार्य सम्बन्ध के आधार पर विकसित किया जाता तो सामाजिक कहानियों में घटनाओं की प्रधानता होती है।

2.3 नाट्य साहित्य सृजनात्मक लेखन

साहित्य में श्रव्य के साथ दृश्य विधा भी महत्त्वपूर्ण होती है। इसमें नाटक विधा अत्यन्त महत्त्वपूर्ण मानी जाती है। संस्कृत काव्यशास्त्र में नाटक को पंचमवेद कहा गया है। वस्तुत: नाटक सबसे प्राचीन दृश्य विधा है। संस्कृत में भरतमुनि ने नाटयशास्त्र रचा गया। इसे मंच पर अभिनीत करने के शिल्प का भी विधान किया गया है। जब गद्य का विकास नहीं हुआ था, तब कविता के साथ नाटक भी लिखे जाते थे और उनकी भाषा पद्यमय होती थी। कालिदास के नाटक भी काव्य में ही लिखे गये। आधुनिक युग में भी गद्य नाटक लिखे जाते हैं। बचपन से ही बालक की कल्पना का विस्तार होने लगता है। वह अपनी पहचान की रचना करने लगता है, जिससे एक काल्पनिक स्थिति जन्म ले लेती है। शेक्सपियर ने तो यहाँ तक कहा है कि जीवन एक नाटक ही है। हर व्यक्ति इस नाटक में अभिनय करता है। नाटक में भी उपन्यास के समान कथानक होता है, किन्तु इसे केवल संवादों के माध्यम से ही व्यक्त किया जाता है। नाटक को देखने के लिए दर्शक सामने होते हैं और इस तरह यह श्रव्य होते हुए भी मुख्य रूप से दृश्य कला के अन्तर्गत आता है।

नाटक की संरचना : संस्कृत से लेकर नाटकों में तीन तत्त्वों को प्रमुखता मानी है, वस्तु, नेता और रस। वस्तु का अभिप्राय कथानक से है, इसमें प्रमुख कथानक के साथ प्रासंगिक कथानक भी आ जाता है। आधिकारिक कथा वस्तु ही मुख्य कथा होती है। नाट्यशास्त्र में दृश्य कथा का गठन अंक के आधार पर होता है और इसमें अनेक दृश्य होते हैं। किन्तु अब आधुनिक नाट्य लेखन से इनका सम्बन्ध नहीं है। यह नाट्यशास्त्र के विवेचन का विषय है। जिसमें नायक और नायिका प्रमुख रूप से होते हैं। नाटकों के तत्त्वों में सबसे महत्त्वपूर्ण 'रस' है। मनुष्य के हृदय में अनेक प्रकार के स्थायी भाव होते हैं। वे भाव, अनुभाव और संचारी भाव मिलकर रस का आस्वादन कराते हैं।

विदेशों में भी ग्रीक नाटकों का सृजन हुआ है, जिस तरह हमारे यहाँ भरतमुनि हैं, वैसे ही वहाँ अरस्तु हैं। उन्होंने नाटकों के साथ ही पात्र, पद रचना, विचार, दृश्य, और गीत इन सबका समावेश किया है। भारत में सुखान्त नाटकों की परम्परा अधिक मात्रा में रही है, जबकि विदेशों में दु:खान्त नाटक ही अधिक लिखे गये हैं। संस्कृत नाट्यशास्त्र में अगर रस की बात की गयी है, तो अरस्तु ने विरेचन की बात की है। विरेचन दु:खान्त नाटकों में होता है। जिससे की उद्रवेगों से आनन्द होने के बजाय उनका शमन किया जाता है। हिन्दी नाटकों में संस्कृत और विदेशी नाटकों का समन्वय हुआ है। आधुनिक अवधारणा के अनुसार हिन्दी नाटक में मुख्य रूप से वस्तु विधान, चरित्र विधान और शिल्प विधान होता है। अभिनय के कारण नाटक केवल लिखित रूप में ही नहीं होता है, उसका मंचन भी किया जाता है।

हिन्दी में नाटक विधा की परम्परा भारतेन्दु हरिश्चन्द्र से मानी जाती है। उन्होंने आरम्भ के नाटकों में पद्य की भाषा का ही प्रयोग किया है। 'वेदकी हिंसा, हिंसा न भवति' की रचना भारतेन्दु ने ही की और इसे ही हिन्दी का पहला मौलिक नाटक माना गया है। इसक उपरान्त जयशंकर प्रसाद ने नाटक लिखे हैं। इस वक्त रंगमंच का विकसित स्वरूप सामने आया था। और व्यावसायिक मण्डलियाँ सामने आई और रंगमंचीय नाटकों का सृजन हुआ। नाटक केवल लिखित न रहकर अभिनय से युक्त रहा। हिन्दी में जब समस्या नाटक लिखे गये तब उन्हें रंगमंच से जोड़ा गया।

नाटक की अवधारणा

नाटय लेखन की अवधारण अत्यन्त व्यापक है। नाटक का शिल्प एक जटिल प्रक्रिया है। नाटक लिखने में सफलता केवल लेखक की नहीं होती, बल्कि इसमें अनेक लोग होते हैं। कलाकार और निर्देशक के साथ अनेक तकनीकी लोग भी होते है, जो मंच पर ध्वनि, प्रकाश, साज-सज्जा, दृश्य, सभी को सँभालते हैं। रंगमंच पर

नाटक के लिए सभी साधन जुटाने पड़ते हैं। नाटक केवल साहित्य का लिखित रूप न होकर दर्शकों के सामने अभिनीत किया जाने वाला अभिनय है। संवाद कौशल को भी नाटक में महत्त्व दिया जाता है। संवाद अभिनय के अनुरूप करने पड़ते हैं। नाटक का कथानक भी उपन्यास के कथानक के समान होता है। अन्तर केवल इतना होता है कि संवादों के माध्यम से कथानक का विकास करना पड़ता है। नाटक दृश्य कला के साथ श्रव्य कला भी है। दर्शक और नाटककार के बीच एक ऐसी जगह होती है, जहाँ से नाटककार अपनी बात दर्शक तक पहुँचाता है।

नाटक का कथानक नाटक की संरचना से जुड़ा होता है, उसमें एक के बाद एक विचारों का विकसित रूप सामने आता है। इसमें संघर्ष दो पात्रों के बीच अलग-अलग विचारों के कारण यह संघर्ष जन्म लेता है। नाटक के कथानक की रचना इस तरह हो कि दर्शक यह जानने को उत्सुक हो कि आगे क्या? इस तरह की जिज्ञासा बनी रहे। इसमें मनोवैज्ञानिक और नैतिक मुद्दे होते हैं। नाटककार किस तरह जिज्ञासा उत्पन्न करे, यह एक अच्छे कथानक में निहित होना चाहिए। नाटक में अनेक स्थितियों का निर्माण होता है, सुखान्त और दुःखान्त के प्रारूप निर्मित किया जाता है। कथानक में कलात्मक एकता भी होती है, जिससे उसमें अनावश्यक विस्तार न हो और कथा का मुख्य अभिप्राय अंकित हो सके। नाटककार कथानक का निर्माण कुशलता से नहीं करता तो वह नाटक सफल नहीं हो सकता। नाटक में कम-से-कम दृश्य हों तो दर्शक ठीक से कथा को समझ लेता है। कभी-कभी मुख्य पात्र और अन्यपात्र के बीच एक तरह का द्वन्द्व खड़ा हो जाता है। अनेक प्रकार के अवरोध होते हैं। नाटककार अतीत को अंकित करने के लिए मुक्त आसंग का प्रयोग भी संवादों के माध्यम से करता है। नाटक में पात्र और दर्शक के बीच गहरा सम्बन्ध होता है और वहीं नाटक की सफलता का आधार है। आधुनिक नाटकों की संरचना नियमों के आधार पर उतनी अधिक नहीं होती, जितनी वह सम्पेषण के आधार पर होती है। नाटकीय संरचना में अनेक रूप और प्रतीकात्मक गद्य विधियाँ भी शामिल हो जाती है। इसकी संरचना लचीली होती है। कहीं-कहीं नाटक में संगीत के दृश्य भी आ जाते हैं, जो बोलचाल की भाषा की तरह लगते हैं, प्राचीन युग से ही आत्मालाप का प्रयोग नाटकों में होता रहा है। जब रंगमंच पर एक ही पात्र बोलता रहता है। नाटकों की रचना उन प्रारूपों के अन्तर्गत नहीं होती, जो निर्धारित होते हैं। वह तो अनेक दृश्यों के बीच अपने आप विकसित होती है। सबसे महत्त्वपूर्ण यही है कि दर्शक का मन नाटक में लगा रहे।

नाटक और रंगमंच का परस्पर गहरा सम्बन्ध होता है। नाटक केवल पढ़ने के लिए नहीं लिखे जाते। नाटक रंगमंच के लिए ही क्यों लिखे जायें अब यह सवाल

आवश्यकता नहीं रहा है। नाटक कला की दृष्टि से सफल है, वह रंगमंच का आधार लेता है। निर्देशक, अभिनेता, दृश्य और अभिकल्पक मंच की सृष्टि होते हैं। नाटक की कथावस्तु और वेशभूषा समग्र रूप में बिम्ब बनकर सामने आती है। इस तरह नाट्य सृष्टि होती है। नाट्य लेखन में यदि रंगमंच का ज्ञान नहीं है तो नाटककार कलात्मक सृजन की दृष्टि से सफल नहीं होता नाटक और रंगमंच में विभिन्न कलाओं का उपयोग होता है। गोर्डन क्रेग ने कहा है, "रंगमंच की कला न अभिनय है, न नाटक, न दृश्य है, न नृत्य बल्कि उन सब तत्त्वों का समन्वय है, जिनसे वह निर्मित होती है। इस सब के बाद भी रंगमंच पर कलाकार भी भूमिका सबसे महत्त्वपूर्ण होती है।" रैनहार्ट के विचार से "It is the actor and no one else that the theatre belongs" अभिनय में शरीर अत्यन्त महत्त्वपूर्ण भूमिका का निर्वाह करता है। आंगिक और वाचिक सृष्टि का उपयोग एक साथ जुड़ा रहता है।

रंगमंच की चुनौतियाँ

समकालीन समय फिल्म का है। टेलीविजन भी इसमें अपनी अहम भूमिका निभा रहा है। अब रंगमंच के लिए एक चुनौती है कि वह किस प्रकार अपने अस्तित्व को बचाए। नाटक अगर प्रासंगिक बनना चाहता है, तो उसे रंगमंच के अनुरूप लिखना आवश्यक है। समकालीन नाट्य लेखन इस वास्तविकता को पहचानता है कि उसे रंगमंच के लिए अपने आप को बदलना होगा। समकालीन नाट्य लेखन सभी भारतीय भाषाओं में फैला है। जो काम मोहन राकेश 'आषाढ़ का एक दिन' के माध्यम से हुआ, वही बांग्ला में बादल सरकार, मराठी में विजय तेंडुलकर और कन्नड में गिरीश कर्नाड ने किया। अब व्यापक रूप से थियेटर से अनेक नाटककार जुड रहे हैं। नाट्य रचनाओं को रंगमंच पर उतारने का काम कई लोगों ने किया है। बांग्ला में उत्पल दत्त, मराठी में श्रीराम लागू, कन्नड़ में श्रीराम कारन्त, मलयालम में पाणिकर और हिन्दी में हबीब तनवीर और सत्यदेव दुबे ने यह काम किया है। रंग नाटकों की यह परम्परा एक व्यावसायिक रूप ले चुकी है।

नाट्य लेखन में विभिन्न पात्रों को प्रयोग कथानक का विस्तार करने के लिए किया जाता है। नाटक दर्शकों के सामने एक अच्छे निर्देशन और प्रभावपूर्ण अभिनय की माँग करता है। नाटक को फिल्म चुनौतियों का सामना करना है। विज्ञान के इस युग में मंच की परिकल्पना को प्रकाश और ध्वनि व्यवस्था से जो रूप दिया जाता है, वह इसे इस तरह रखता है कि दृश्यों की श्रृंखला अभिनय के साथ चलती रहती है। नाट्य लेखन में समसामायिक समस्याओं को उभारने से उनका जीवन्त प्रदर्शन मंच पर होता है। यह केवल लेखन नहीं है, बल्कि मंचन भी है। नाट्य लेखक को

रंगमंच का सामान्य ज्ञान होना ही चाहिए। नाटकों का निर्देशन स्वयं करने से नाटक में एक नयी जान आ जाती है। नाटकों को मंच के लिए रंगमंच उपलब्ध हो तो अच्छे नाटक लिखने की प्रेरणा मिलती है। नाटक पढ़ने की चीज नहीं है। यद्यपि नाटक पढ़े भी जाते हैं, पर वे मंचित हो तभी उनका सामाजिक मूल्य होता है। अब तो नाट्य लेखन में राजनीति भी आने लगी है। कई रंग पत्रिकाएँ प्रकाशित हो रही है। कई लेखक नाटक के क्षेत्र में आ रहे हैं। स्त्री पुरुष के सम्बन्धों पर तो पता नहीं कितने नाटक लिखे गये हैं। समकालीन समय में अनेक काव्य नाटक भी लिखे गये हैं। इनकी संरचना नाटकों की तरह होती है, किन्तु इसमें पद्य की भाषा का प्रयोग किया जाता है। इसका सबसे अच्छा उदाहरण 'अन्धायुग' है। धर्मवीर भारती ने महाभारत के कथानक के सन्दर्भ में इसे रचा है। आज के नाटकों में मिथक और आधुनिकता का प्रयोग भी किया जा रहा है। अनेक जगहों पर नाट्य संस्थाएँ कार्य कर रही है।

रंगमंच व्यवस्था : रंगमंच में कई तरह की विशेषताएँ होती हैं। सबसे पहले चित्र आकृति का रंगमंच होता है, जिसमें दर्शक सीधे मंच की ओर देखता है। फिर विस्तार से दृश्यों को सामने रखा जाता है और जो भी मंच पर घटित हो रहा है, उसका दृश्य प्रदर्शन करना पड़ता है। रंगमंच की बनावट से भी नाटक में एक विशेष प्रभाव उत्पन्न किया जाता है। कोई रंगमंच गोलाकार होता है। वह घूमता रहता है। जब वह मध्य में आता है, तब दर्शक की उस पर दृष्टि पड़ती है और इससे दर्शक का मंच से अच्छा अन्तरसम्बन्ध हो जाता है। इन स्थितियों में अनेक बार सीन नहीं बदल पाते।

रंगमंच के प्रकारों में तीन तरफ से सेटिंग की जाती है। आन-जाने का रास्ता भी कुछ अलग ढंग से बनाया जा सकता है। इसी प्रकार बड़े रंगमंच के लिए ऐसे भवन लिए जा सकते हैं, जिसका रंगमंच पूरा घर ही हो। एक खाली जगह पर भी बाहरी निर्मिति के साथ मंच बन सकता है। यहाँ तक कि सड़क को भी मंच के रूप में प्रयोग में लाया जा सकता है। मानवी जीवन में हर किसी पर्व में ध्वनि और प्रकाश का महत्त्व बढ़ता जा रहा है। नाटक उससे अछूता कैसे रहे नाटक एक ऐसा उत्पाद है, जिससे सारा अभिनय दृश्य गतिविधियों पर एक लय के समान होता है। प्रकाश को एक यन्त्र के समान विविधताओं से भरकर अनेक रंगों से सजाया जाता है और ध्वनि के प्रभाव रचे जाते हैं। संगीत योजना के लिए कैमरे के साथ माइक्रोफोन का प्रयोग किया जाता है। इसी तरह परिधान का भी विशेष महत्त्व है। आप प्राचीन मिथकीय पात्रों को आधुनिक वेशभूषा नहीं पहना सकते समय और पात्र के अनुसार ही परिधानों का निश्चय किया जाता है। छोटी-छोटी समस्याओं को लेकर नाटक लिखने की कला का प्रयोग किया जाये। वस्तुतः नाटक समाज के लिए होते हैं। आज नाटक को देखने के लिए प्रेक्षक मन्त्रमुग्ध होंगे ऐसी बात नहीं है। वह नाटक

टकटकी लगाकर देखेगा, यह भी नहीं, किन्तु जब वह नाटक देखता है, तो वह रंगमंच से अलग नहीं हो पाता, वह रंगमंच से जुड़कर ही नाटक देखता रहता है।

नाटक का संसार अनन्त सम्भावनाओं से भरा है। बचपन से ही फिल्म और थियेटर की दुनिया में बच्चे और युवा पहुँच जाते है। संसार में इन लोगों के लिए कोई बहुत बड़ा अभिनय का बाजार नहीं है, फिर भी समूहों में अनेक मंच पर पहुँचने में सफल होते हैं।

3

मीडिया का सृजनात्मक लेखन

अ) रिपोर्ताज : सृजनात्मक लेखन
ब) रेडियो : सृजनात्मक लेखन
क) दूरदर्शन : सृजनात्मक लेखन

यह विश्व संचार का युग है। मीडिया एक बहुत बड़ी शक्ति के रूप में उभरा है। अब संचार माध्यम केवल मुद्रण तक सीमित न रहकर वह श्रव्य से दृश्य और अन्तरजाल जैसे माध्यमों का जाल लगातार फैलता जा रहा है। सूचना का संसार आज टेलीविजन, कंप्यूटर, सेटेलाइट और टेलीफोन से भी संचालित हो रहा है। अन्तरजाल ने तो जनसंचार के सभी माध्यमों को पीछे छोड़ दिया है। मीडिया लेखन विभिन्न संचार माध्यमों में किसी-न-किसी रूप में लेखन का एक शिल्प है। सबसे पहले मुद्रण माध्यम है, जिसे शब्द संचार से जोड़ा जाता है। इसमें पत्र-पत्रिकाएँ, समाचार पत्र और पुस्तकों का समावेश होता है। इसके बाद श्रव्य संचार माध्यम है। इसका सम्बन्ध रेडियो, ऑडियो कॅसेट, टेपरिकॉर्डर आदि से होता है।

3.1 रिपोर्ताज : सृजनात्मक लेखन

रिपोर्ताज आधुनिक युग में विकसति एक गौण-विधा है, जिसका उदय द्वितीय महायुद्ध के समय युद्ध की घटनाओं की रिपोर्ट या विवरण प्रस्तुति के अन्तर्गत एक साहित्यिक रूप में हुआ था। इस प्रकार यह विधा समाचार पत्रों की देन है। रिपोर्ताज यह फ्रांसीसी भाषा का शब्द है। यह अंग्रेजी के रिपोर्ट (Report) का हिन्दी करण है। हिन्दी में रिपोर्ताज विधा का श्री गणेश 'रूपाभ' में प्रकाशित शिवदान सिंह चौहान की रचना 'लक्ष्मीपुरा में' से होता है।

1. शिवदान सिंह चौहान : "रिपोर्ताज एक रिपोर्ट है, लेकिन इसके साथ उसमें घटना अपने परिवेश की सम्पूर्ण चित्रात्मकता के साथ भावों और संवेदना के ज्वार-भाटे की तरंगों से एक सजीव अनुभव भी बन जाती है और पाठकों को सवाक् चित्रपट की भाँति किन्तु यथार्थ और विश्वस्त रूप से उनका अनुभव प्रदान करती है।"

2. डॉ : भगीरथ मिश्र : "किसी घटना या दृश्य का अत्यन्त विवरणपूर्ण सूक्ष्म, रोचक वर्णन इसमें इस प्रकार किया जाता है कि वह हमारी आँखों के सामने प्रत्यक्ष हो जाये और हम उससे प्रभावित हो उठे।"

3. कन्हैयालाल मिश्र प्रभाकर : "रिपोर्ताज घटना का हो, दृश्य का हो या मेले का, उत्सव का हो, उसमें ज्ञान और आनन्द का संगम होना चाहिए।"

4. रामविलास शर्मा : "किसी घटना या घटनाओं का ऐसा वर्णन की वस्तुगत सत्य पाठक के हृदय को प्रभावित कर सके, रिपोर्ताज कहलायेगा।"

रिपोर्ताज एक ऐसा रूप विधान है, जिसके द्वारा वर्तमान जीवन की संघर्षमयी वास्तविकता का अनुभव पाठकों तक पहुँचाया जा सकता है।

आज सामान्यत: पत्रकारिता के क्षेत्र में रिपोर्ताज का महत्त्व अधिक है। यदि हम देखे तो स्पष्ट होता है कि 'रिपोर्ट' और 'रिपोर्ताज' में क्षीण अन्तर यह है कि रिपोर्ट में एक प्रकार की नीरसता होती है, इसमें कलात्मक अभिव्यक्ति का अभाव होता है, जबकि रिपोर्ताज में सरसता होती है। इसकी शैली प्रभावी होती है। जीवन की घटनाओं की कलात्मक अभिव्यक्ति के लिए रिपोर्ताज का जन्म हुआ है। वैसे द्वितीय विश्वयुद्ध के समय विश्वयुद्ध की सूचनाओं एवं घटनाओं की रिपोर्टें तैयार करते थे। इन्हें बाद में 'रिपोर्ताज' कहा गया। इसमें संवेदनशीलता आवश्यक है अर्थात् रिपोर्टों को जब तथ्यात्मक नहीं बना कर संवेदना का पुट मिल जाता है, तो वे रिपोर्टें 'रिपोर्ताज' की श्रेणी में आ जाती हैं।

आँखो–देखी और कानों सुनी घटनाओं पर रिपोर्ताज रचा जा सकता है, कल्पना के आधार पर नहीं। लेकिन तथ्यों के वर्णन मात्र से रिपोर्ताज नहीं बन सकता रिपोर्ट भले ही बन जाये। घटना-प्रधान होने के साथ ही रिपोर्ताज को कथा तत्त्व से भी युक्त होना चाहिए। रिपोर्ताज लेखक को पत्रकार तथा कलाकार की दोहरी जिम्मेदारी निभाना पड़ती है। साथ ही उसके लिए आवश्यक होता है कि वह जनसाधारण के जीवन की सच्ची और सही जानकारी रखे और उत्सव, मेला, बाढ़, अकाल, युद्ध और महामारी जैसे सुख-दु:ख के क्षणों में जनता को निकट से देखे। तभी वह अखबारी रिपोर्टर और साहित्यिक रचनाकार की दृष्टि से जनजीवन का प्रभावोत्पादक चित्रण कर सकेगा।

रिपोर्ताज के गुण

1. आँखो-देखी, कानों-सुनी घटनाएँ ही रिपोर्ताज का वर्ण्य विषय होता है। रिपोर्ताज लेखक के लिए घटना का प्रत्यक्षदर्शी होना आवश्यक है। तथ्यों का सजीव एवं यथार्थ वर्णन रिपोर्ताज का सर्वप्रधान गुण है।

2. घटना के यथार्थ वर्णन के साथ-साथ रिपोर्ताज को कथातत्त्व से युक्त होना चाहिए।

3. रिपोर्ताज का गुण उसकी साहित्यिकता, चित्रात्मकता अथवा कलात्मकता हो।

4. रिपोर्ताज के लिए लेखक को पर्यवेक्षण : क्षमता में निपुण होना चाहिए। रिपोर्ताज-लेखक को पत्रकार एवं साहित्यकार दोनों की भूमिका निभानी पडती है। डॉ. लक्ष्मीनाराण चातक और डॉ. हरि महर्षी ने लिखा है, "रिपोर्ताज लेखन के लिए एक ओर पत्रकार दूसरी और निबन्धकार और तीसरी ओर कहानीकार की प्रतिभा अपेक्षित है। अनुभव की व्यापकता, जनजीवन से निकट सम्पर्क और सहज संवेदनशीलता रिपोर्ताज, लेखक से अपेक्षित गुण है।

5. घटनाओं को सफल नियोजन और प्रभावित प्रक्रिया में ही रिपोर्ताज की कला सान्निहित होती है। रिपोर्ताज लेखक को बड़ी सजगता के साथ घटनाओं के नियोजन, घटनाओं के मर्म, पात्रों की मन:स्थिति आदि को अंकन करना चाहिए।

6. रिपोर्ताज के लिए आवश्यक लेखक की सरल, सहज विषयानुकूल एवं प्रभावशाली भाषा-शैली।

कहा जा सकता है कि रिपोर्ताज के आवश्यक गुणों में घटना का सजीव एवं यथार्थ वर्णन, कथात्मकता, साहित्यिकता, चित्रात्मकता, कलात्मकता, विश्वासनीयता, घटनाओं का प्रत्यक्ष अनुभव, सफल नियोजन तथा सरल, सहज एवं प्रभावपूर्ण भाषा-शैली आदि उल्लेखनीय है।

रिपोर्ताज के प्रकार

1. घटना प्रधान रिपोर्ताज : रोमांचक, विभीषक (युद्ध, अकाल, बाढ़, सूखा आदि) पर लिखी गयी रिपोर्ट घटना-प्रधान रिपोर्ताज कहलाते हैं।

2. सामाजिक रिपोर्ताज : सामाजिक रिपोर्ताज का ताना-बाना सामाजिक जीवन-संघर्ष, सामाजिक चेतना, सामाजिक यथार्थ सामाजिक बोध, सामाजिक जीवन के दु:ख-दर्द आदि पर आधारित होता है।

3. सांस्कृतिक रिपोर्ताज : सांस्कृतिक रिपोर्ताज के वर्ण्य विषय मेले, उत्सव, समारोह, अभिनन्दन आदि पर आधारित होते हैं।

4. व्यंगात्मक रिपोर्ताज : व्यंग्यात्मक रिपोर्ताज का फलक व्यंग पर आधारित होता है।

5. संस्मरणात्मक रिपोर्ताज : जिन रिपोर्ताजों में किसी घटना का निपुन, सम्पुंजन और संस्मरणात्मक की स्मृति के आधार पर शब्दांकन किया जाता है, उसे संस्मरणात्मक रिपोर्ताज कहते हैं।

6. राष्ट्रीय रिपोर्ताज : राष्ट्रीय महत्त्व की व्याख्या करने वाले, राष्ट्र के गौरव एवं सम्मान को अक्षुण्ण रखने वाले रिपोर्ताज राष्ट्रीय रिपोर्ताज कहलाते हैं।

7. अन्तरराष्ट्रीय रिपोर्ताज : विश्व-पटल पर घटित घटनाएँ अथवा ऐसी घटनाएँ, जिनका प्रभाव विश्व के फलक पर दृष्टिगोचर होता है, अन्तरराष्ट्रीय रिपोर्ताज कहलाता है।

रिपोर्ताज की विशेषताएँ :

- रिपोर्ताज में तथ्यों के साथ-साथ भाव-प्रवणता होने से रिपोर्ताज का स्वरूप कलापूर्ण होता है। लेखक यथार्थ-विषय की कल्पना के माध्यम से साहित्यिक परिवेश में प्रस्तुत कर सकता है।
- रिपोर्ताज में मुख्यत: घटना होती है। घटना का काल्पनिक अथवा यथार्थपरक होना लेखक पर निर्भर करता है। घटना को कथात्मक रूप में प्रस्तुत किया जाता है। इस विधा की कोई सीमा नहीं होती है।
- रिपोर्ताज में बाह्य स्वरूप की अभिव्यक्ति अधिक और आन्तरिक स्वरूप की कम होती है। जनजीवन की प्रभावकारी परिस्थिति का चित्रण होने के कारण ऐतिहासिकता के लिए प्रमाण भी अपेक्षित है।
- रिपोर्ताज सम-सामायिक विषयों और घटनाओं पर आधारित होने के कारण सार्वजनिक प्रभाव नहीं रहता है।
- लेखक का दृष्टिकोण मनोविश्लेषणात्मक होना चाहिए। लेखक की संवेदनशीलता के कारण पाठक की रुचि को बढ़ाना नैसर्गिक है।
- भाषा में सरलता, सहजता, सुबोधता, सजीवता एवं सरसता का होना आवश्यक है।

रिपोर्ताज कलात्मकता के साथ घटना को भावपूर्ण शैली में अभिव्यक्त करता है। कतिपय समीक्षक इसे स्वतन्त्र विधा न मानकर कहानी, निबन्ध, रेखाचित्र आदि में समाविष्ट करने की चेष्टा करते है। रिपोर्ताज का हिन्दी साहित्य में 'स्वतन्त्र कृति' के रूप में भी विकास नहीं हो पाया है। यद्यपि यह विधा मानव मन के भावों को स्पर्श करने में सक्षम है तथा सहज सहानुभूति प्राप्त करने योग्य है, किन्तु इस क्षेत्र में विशद और व्यापक सृजन का अभी अभाव है।

3.2 रेडियो : सृजनात्मक लेखन

श्रव्य माध्यम के रूप में रेडियो सबसे अधिक महत्त्वपूर्ण होता है और उसकी भाषा मौखिक होती है। किसी संवाद से ही यह पला चलता है, कि बोलने वाले के

हावभाव किस प्रकार हैं। यह भाषा समाचार वाचन में ही नहीं नाटक और संगीत में भी प्रभावी भूमिका का निर्वाह करती है। मौखिक भाषा का निर्माण ध्वनियों से होता है। अत: रेडियो लेखन में सबसे महत्त्वपूर्ण भाषा का प्रयोग है, जिसके बारे में डॉ. हरिमोहन ने कुछ बिन्दु इस प्रकार रखे हैं—

उन शब्दों का प्रयोग करना चाहिए, जो सामान्य बोलचाल में प्रयुक्त होते हैं और जन-साधारण, जिनको आसानी से ग्रहणकर सके। कठिन शब्दों से सदैव बचना चाहिए।

वाक्य सरल हों, छोटे-छोटे हों, शुद्ध तथा रोचक हों। विषय के अनुरूप उनमें प्रभाव-क्षमता होनी चाहिए। भारी-भरकम शब्दावली, व्यर्थ का शब्दभण्डार और उलझे हुए वाक्य रेडियो लेखन के लिए शत्रु है।

रेडियो-लेखन के लिए दी गयी विधा के अनुरूप अभिव्यक्ति होनी चाहिए। विषय के साथ न्याय हो और उस विधा के तात्विक स्वरूप के प्रति भी न्याय होना चाहिए। साथ ही ध्यान में यह बात सदैव रहनी चाहिए कि हम किसके लिए लिख रहे हैं? हमारी लिखी बात को कौन से श्रोता सुनते हैं? उस पर उनकी क्या प्रतिक्रया हो सकती है?

प्रत्येक कार्यक्रम की समय सीमा पहले से निर्धारित होती है। अत: उस समय-सीमा का ध्यान रखना आवश्यक होता है। समाचारों में तो यह समय-सीमा अनिवार्यत: अपनायी जाती है। इसलिए महत्त्व के क्रम के समाचार लिखे जाते हैं, साथ ही वाक्य विन्यास का विशेष ध्यान रखा जाता है, ताकि यदि किसी कारण से समय समाप्त होने का हो तो महत्त्वपूर्ण समाचार छूटे नहीं। यदि कोई समाचार अधूरा छोडना पड़े तो वाक्य पूरा हो जाये।

रेडियो में समाचार लेखन के साथ ही उसका वाचन भी होता है। संवाददाता रिपोर्ट लिखता है, उसके आधार पर समाचार बन जाता है। रेडियो में आकर उसे और भी संक्षेप में लिखा जाता है। वस्तुत: समाचार लेखन सृजनात्मक लेखन से अलग होता है। साहित्य लेखन में सबसे पहले प्रस्तावना होती है, किन्तु रेडियो समाचार में प्रमुख बात को पहले बताया जाता है, जिसे ब्रेकिंग न्यूज कहा जाता है। रेडियो में अनेक चैनल होते हैं और इस तहर यह विश्वभर में फैला हुआ है। ध्वनियों से इन समाचारों को जोड़ना पड़ता है।

रेडियो नाटक : रेडियो नाटकों में ध्वनि और संगीत का विशेष महत्त्व रहता है। रेडियो भाषा और ध्वनियों के प्रयोगों पर आधारित है। इसमें माइक्रोफोन का विशेष महत्त्व रहता है। दृश्य दिखाई नहीं पड़ते। एक श्रोता लाखों श्रोताओं के लिए बोलता है और दृश्य को ध्वनियों के माध्यम से उभारा जाता है। रेडियो रंगमंच एक

खुले रंगमंच की तरह है। अब रेडियो से अधिक टेलीविजन का प्रयोग हो रहा है, किन्तु रेडियो नाटक के स्थापत्य में अनेक नाट्य रूपों का समावेश हुआ है। अनेक धारावाहिक नाटक रेडियो पर प्रसारित किये गये है। इनमें दृश्यों की संख्या का कोई बन्धन नहीं होता। नाटक में एक दृश्य या अनेक दृश्य भी हो सकते हैं। इन्हें किस्तों में प्रसारित किया जा सकता है और इनका एक शीर्षक भी होता है। अब दृश्य लेखन के रूप में रेडियो पर नाटक के रूप में कहानियाँ कम ही सुनी जाती है।

रेडियो में उद्घोषणाएँ भी की जाती हैं और रूपक भी। रेडियो नाटक की संरचना के समान ही होती है, किन्तु उसे श्रव्य माध्यम में बदलना पड़ता है। किसी एक विचार को लेकर भी रूपक बन जाता है। फिर वृत्तचित्र भी लिखे जाते हैं। यह डॉक्यूमेंट्री एक आलेख के रूप में होती है। रेडिया फीचर अब एक फंतासी के रूप में भी आ रहे है। रेडियो सें संगीत रूपक भी प्रसारित होते हैं। इसी तरह नाटक विधाओं के अन्तर्गत लिखा जाता है।

3.3 दूरदर्शन (टेलीविजन) : सृजनात्मक लेखन

यह युग दृश्य माध्यम का है। संचार माध्यमों में रेडियो और टेलीविजन की भाषा का अन्तर श्रव्य और दृश्य माध्यम के अन्तर के रूप में होता है। ध्वनियों का प्रभाव संगीत का रूप लेकर काल्पनिक बिम्बों की रचना करता है। जैसे बादलों के फटने की आवाज से या भूकम्प की ध्वनि से सारा दृश्य सामने आ जाता है या घड़ी की टिकटिक होती है। इस तरह ध्वनियों के माध्यम से ही दृश्य को अंकित करना पड़ता है। पर टेलीविजन में ध्वनी भी दृश्य के रूप में सामने आती है। अत: यह अधिक लोकप्रिय हो गया है। टेलीविजन मीडिया ने एक नयी भाषा का विकास किया है। उसमें हावभाव को सामने देखा जा सकता है। दूरदर्शन दृश्य-श्रव्य माध्यम होने के कारण दृश्यों के माध्यम से ही उस संचार भाषा का प्रसारण होता है। दूरदर्शन का लेखन टिमवर्क होता है। जिसमें निर्माता, निर्देशक, प्रबन्धक, अभिनेता, कैमरामैन, अभिकल्पकार और रूपसज्जाकार सभी का सहयोग होता है। बोलते हुए शब्द में रंग होता है, चेहरे होते हैं, संगीत होता है और यहाँ तक कि सुन्दर लगने वाली एक खामोशी होती है। दूरदर्शन का कैमरा कितने दृश्यों को सामने रख देता है। दृश्यों के अनुरूप संरचना बन जाता है। इसमें कैमरामेन का काम महत्त्वपूर्ण होता है। वह अपने कैमरे को खाली करता है उसमें फिल्म भरता है, वह अपनी शूटिंग को एक योजना अनुसार निर्धारित करता है। उसे किसी भी जगह की समाचार कथा को कवर करने के लिए बहुत कुछ करना पड़ता है और यह उस विधा के अनुसार होता है। प्रसारण करते समय निर्माता मॉनीटर (स्क्रीन) के सामने बैठता है। हर कैमरे में बिम्ब

बन जाते हैं और दृश्यों का काट-छाँट दिया जाता है। इसमें सम्पादन का भी बहुत बड़ा महत्त्व होता है। जब इन दृश्यों को भाषा से जोड़ा जाता है तो उसमें कुछ विशेष प्रभाव उत्पन्न करने पड़ते हैं। दूरदर्शन और फिल्म में अन्तर यह है कि दूरदर्शन की स्क्रीन छोटी होती है, उसमें लांग-शॉट्स के बजाय क्लोज-शॉट्स का उपयोग अधिक होता है। अभिनेता, उस कैमरे के जंगल में या माइक्रोफोन और रोशनी के स्रोतों की भीड़ लगी है, तनाव में आ सकता है, क्योंकि वहाँ स्टूडियो नहीं होता। इन स्थितियों में भाषा का प्रयोग कितना कठिन है, जिससे कि सारा दृश्य जीवन्त हो सके। तब शब्दों, ध्वनियों और अन्तरालों का प्रयोग करते हुए, टेलीविजन की भाषा लिखी जाती है। इस भाषा में दृश्यात्मकता हो, लचीलापन हो, स्पष्टता हो और दृश्यों के अनुसार हो, यह सब ध्यान रखना पड़ता है और उसकी एक श्रृंखला बनानी पड़ती है।

दूरदर्शन की भाषा : यह भाषा रेडियो की भाषा से कुछ अलग होती है। इसमें संवादों के साथ दृश्य रचना होता है और तस्वीरें लेने का जिसे शूटिंग करते हैं। काम चलता रहता है और उसके साथ अनिवार्य रूप से सम्पादन भी होता है। इस तरह के भाषा प्रयोग में श्रव्य और दृश्य का समावेश करने का सामर्थ्य होने पर ही इस भाषा का प्रभाव पड़ता है। मीडिया लेखन में माध्यम का ही विशेष महत्त्व होता है। जब ऑडियो और वीडिओ का अलग-अलग माध्यम हो तो लेखन की संरचना बदल जाती है। जैसे वीडियो माध्यम में व्यक्ति रेस्तरा की टेबल पर बैठा है और आवाजें आ रही है। इसे ऑडियों की भाषा में इस तरह कहा जायेगा–"रेस्तराँ में आवाजें हो रही है, धीमी-धीमी प्यालियों की और चम्मचों की, वेटर उससे कहता है कि यह पसन्द करो।"

इस तरह ध्वनियों के माध्यम से ही संरचना की जाती है, किन्तु दूरदर्शन में दृश्य और श्रव्य सामग्री का सामंजस्य होता है। दूरदर्शन दृश्य-श्रव्य माध्यम ही है और उसमें जो भी सामग्री व्यक्त और अंकित होती है, व्यंजित और चित्रित होती है, उसका सांमजस्य आवश्यक है। स्क्रीन पर केवल भाषा ही नहीं होती, वह ध्वनियों तक ही सीमित नहीं होती, बल्कि उसमें अभिनय दृश्य-पटल पर आता है। हाव-भाव होते हैं, अनुभवों का संसार होता है, व्यक्ति होता है, स्थितियाँ और सन्दर्भ होते हैं। अत: भाषा का इस प्रकार प्रयोग आवश्यक है कि वह दृश्यों के अनुरूप हो। दृश्यों का संयोजन इस प्रकार हो कि उनके अनुसार भाषा और अभिनय को, ध्वनि और दृश्य को, अलग-अलग करना सम्भव न हो, वह एक रासायनिक क्रिया की तरह हमारे सामने हो। यदि भाषा का प्रयोग इस प्रकार हो कि वह दृश्य से अलग दिखे तो उसका प्रभाव विपरीत पड़ेगा। वाचिक संकेत दृश्यों के अनुरूप होना चाहिए। अत:

जो पात्र पर्दे पर आते हैं, वह अपनो क्रियाओं के अनुसार सुरताल में भाषा का प्रयोग करे यह अत्यन्त आवश्यक है। अत: ध्वनि और सीन एक दूसरे से अलग न हों। दूरदर्शन में इसी प्रकार दृश्य और भव्य सामग्री का सामंजस्य होता है।

पार्श्व वाचन

दूरदर्शन पर यह भी हुआ करता है कि पात्र पर्दे पर है, किन्तु वे बोलते नहीं पर आवाज कहाँ से आती रहती है। महाभारत सीरियल में समय को लेकर पार्श्व वाचन हुआ है। इसका उपयोग कथानक की घटनाओं का आधार निर्मित करने में या भविष्य के संकेत देने में किया जाता है। सीरियल के शुरुआत में यह होता है आजकल सारे सीरियल एक संगीत से शुरू होते हैं, यह भी एक तरह का पार्श्व वाचन ही है।

टेलीड्रामा (टेलीविजन नाटक)

टेलीविजन में अनेक प्रकार के नाटक लिखे जाते हैं। यह एक अत्यन्त कठिन कार्य है और सृजन का सर्वोत्तम रूप कहा गया है। टेलीविजन नाटक लिखते समय मीडिया और अन्य संरचनाओं के बीच अन्तर को तलाशना होता है। किसी भी नाटक को आरम्भ, संघर्ष, जटिलताओं और चर्मोत्कर्ष की प्रक्रियाओं से गुजरना होता है। वास्तव में नाटक, रंगमंच, फिल्म टेलीविजन या रेडियो किसी से भी लिखा जाये, उसके नियम नाटक की सरंचना के अनुरूप होते हैं। जब उसका टेलीविजन प्रसारण होता है, तो वह लेजर किरणों या सेटेलाइट माध्यम से किया जाता है। नाटक में केवल माध्यम का अन्तर है, बाकी तो घटनाओं की शृंखला को अनुभव खण्डों में उतारना और पात्रों को कथानक की स्थितियों के अनुरूप रचना होता है। नाटक के पात्रों के माध्यम से कथानक का विकास होता है। नाटक में संघर्ष अत्यन्त प्रमुख है। नाटक के दर्शक भी पात्र के अत्यन्त भीतरी अनुभूति खण्ड से जुड़कर उसका भाग बन जाता है। लोग घर पर बैठकर इन नाटकों को देखते हैं। कैमरे ने यह सब सम्भव कर दिया है। नाटक, टेलीविजन में आकर कल्पना के थियेटर में बदल गया है। वीडियो माध्यम ने ऑडियों को बहुत पीछे छोड़ा है। टेलीविजन या फिल्म में समय और स्थान की एकता का कोई विशेष महत्त्व नहीं है। टेलीविजन में कई सेटिंग हो सकते हैं। इसके कथानक की संरचना भी अनेक जटिलताओं से गुजरती है। टेलीड्रामा आधे या एक घण्टे का हो सकता है। जब उसमें कई एपिसोड होते हैं तो वह धारावाहिक बन जाता है। संवाद यहा भी महत्त्वपूर्ण माना जाते हैं संवाद वास्तविक जीवन में कहे हुए लगना चाहिए। छोटे और बड़े आकार के नाटक अलग-अलग

सृजन परिवेश की माँग करते हैं। टेलीविजन नाटक एक चुने हुए यथार्थ का प्रतीक बन जाता है। इलेक्ट्रॉनिक मीडिया में नाटक का व्यापक महत्त्व है। इसमें फंतासी हो या स्वप्न, सारी शृंखला को एक मुक्त आसंग प्रणाली (फ्लैश बैक) से प्रदर्शित करते है। सबसे पहले कोई दृश्य आता है, उसके बाद उसकी रूपरेखा इन दोनों को अलग-अलग नहीं किया जा सकता। किसी भी रचना को बनाते समय विस्तार से दृश्य-दर-दृश्य उस कथानक का विकास करना आवश्यक है। जिससे मुख्य पात्रों व्यक्तित्व को उभारा जा सकता है। टीवी नाटक में संवाद बनाते समय कैमरे के कई शॉट लेने पड़ते हैं। कोई भी सीन या सारांश बनाते समय कथानक में निर्माता और सम्पादक को उस नाटक का मुख्य विचार लेना पड़ता है, तभी वह रचना (स्क्रिप्ट) तैयार हो पाती है।

डॉक्यूड्रामा (वृत्तचित्र)

रेडियो, टेलीविजन और फिल्म में वृत्तचित्र का व्यापक प्रयोग किया जाता है। इनमें वास्तविक जीवन की घटनाएँ होती हैं। ये कहानियाँ नहीं है और इन्हें डॉक्यूमेंट्री के रूप में ही टेलीस्ट किया जाता है। वृत्तचित्र कथात्मक फिल्म है, जिससे वास्तविक जीवन को चित्रित किया जाता है। वे स्थितियाँ जो किसी व्यक्ति बिना किसी रिहर्सल के कैमरे में उतारा जा सकता है। उसमें किसी स्क्रिप्ट की जरूरत नहीं होती। डॉक्यमेंट्री एक वास्तविक घटना का रूप होती है। यथार्थ को सृजनात्मक ढंग से रचना पड़ता है। किन्तु यह कोई घटनाओं का विवरण नहीं होता, उसमें घटनाओं के प्रभाव भी अंकित होते है। टी.वी. स्क्रीन पर वास्तविक जीवन में जो लोग है, वे कितने अलग तरह के दिखते हैं। जो व्यक्ति वास्तविक जीवन में जैसा दिखता है, जब उसका चित्र कैमरे में आता है, तो वह अधिक रहस्यमय और सुन्दर लगने लगता है। डॉक्यूड्रामा में वह व्यक्ति सामने आता है, जो जीवन जी रहा है। यह नाटक उसके जीवन की कहानी है, कोई कल्पना नहीं है।

डिस्कवरी या ज्योग्राफी चैनल वृत्तचित्र ही है, जिसमें वास्तविक चित्रों का उतारा जा रहा है, किन्तु उन्हें नाटकीय अन्दाज में चित्रित किया जा रहा है। वृत्तचित्र वास्तविक लोगों को ही फोकस में रखता है। किन्तु डॉक्यूड्रामा में सृजनात्मकता रखना आवश्यक है। इसमें ध्वनियों और बिम्बों का प्रयोग किया जाता है। वृत्तनाटक को आकर्षक बनाने के लिए उसमें सृजनात्मकता का समोवश किया जाना चाहिए।

4

सृजनात्मक लेखन की भाषा

सर्जनात्मक लेखन एक विशेष काल में रचा जाता है, किन्तु वह कृति आगामी काल में भी हमारे लिए नया अर्थ प्रस्तुत करती है। महाकवि तुलसीदास ने 'रामचरितमानस' की रचना चार सौ से अधिक साल पहले की थी। वह आज भी उतनी ही सरस और अर्थवान प्रतीत होती है। उसकी एक पंक्ति बात को और भी

जस जस सुरसा बदन बढ़ावा, तासु दून कपि रूप देखावा।

इसका सीधा अर्थ है। आज युग के सन्दर्भ में उत्पीड़क सत्ता का अत्याचार फैलता जायेगा जनता का प्रतिरोध भी उतना ही बढ़ता जायेगा तुलसीदास के शब्दों में इतना अवकाश था, जिसमें हम अपने युगों की आकांक्षा को और अपने प्रश्न को उनमें ढूँढ़ लेते हैं। यही रचनात्मक लेखन की विशिष्टता है।

एक विज्ञापन और राजनीतिक घोषणापत्र में भाषा का प्रयोग एक खास उद्‌देश्य के प्राप्ति के लिए होता है। चाहे वह वस्तुओं की बिक्री के लिए हो अथवा राजनीतिक सत्ता को पाने के लिए। रचनाकार और भाषा दोनों का रिश्ता कुछ अलग प्रकार का होता है। विज्ञापक या राजनेता भी शब्दों का प्रयोग करते है। एक रचनाकार की कृति को पढ़ने के बाद भी हमें उसका नया अर्थ मिलता रहता है। आगामी काल में हम भी उसका नया अर्थ ग्रहण करते हैं। विज्ञापन के शब्द हमें बाजार में उस वस्तु को खरीदने के लिए प्रेरित करते हैं।

सृजनात्मक लेखन की विशिष्टता के सन्दर्भ में दूसरी महत्त्वपूर्ण बात यह है कि इसका कोई दूसरा विकल्प नहीं होता है। यदि हम किसी कृति का दूसरी भाषा में रूपान्तरण पाते है, तो उसका वैसा अनुभव नहीं होगा, जैसा कि मूल भाषा में मिलता है। भाषा और संस्कृति का सम्बन्ध अभूतपूर्व होता है। हमारी संवेदनाओं के निर्माण में संस्कृति की बड़ी अहम भूमिका होती है। जब हम संस्कृति कहते हैं, तो हमारा तात्पर्य स्थानविशेष की भौगोलिक बनावट रीति-रिवाज, रहन-सहन, मिथक और प्रतिक तथा भाषा से होता है।

सृजनात्मक लेखन की भाषा : मनुष्य भाषा से अभिव्यक्त करता है। हम उस स्थिति की कल्पना करे जब मनुष्य के पास भाषा न हो तो। फिर भी मनुष्य अपनी भावनाओं को व्यक्त करता है। मनुष्य का सम्प्रेषण ध्वनियों, मुद्राओं और शारीरिक हरकतों की भाषा होती है। शब्द के आने पर साहित्य एवं उसके विविध रूपों का विकास होता है। भाषा संस्कृति का सर्वाधिक सशक्त उपकरण है। रचनात्मक भाषा और सामान्य भाषा के बीच जो महत्त्वपूर्ण अन्तर हमें मिलता है। वह भाषा की औपचारिकता होती है। सर्जनात्मक लेखन की भाषा का स्वरूप मात्र औपचारिक नहीं होती। जिस प्रकार से भाषा का व्यवहार प्रशासक, लोकसम्पर्क के कर्मचारियों या व्यावसायिकों के द्वारा किया जाता है। उसी प्रकार की भाषा का प्रयोग सर्जनात्मक लेखन में नहीं होता। एक रचनाकार जब भाषा को अपना माध्यम बनाता है, तो उसका पहला विद्रोह भाषा ही होता है। रचनाकार रूढ़ अर्थों वाली भाषा के साथ प्रवृत्त नहीं होता एक सच्चे रचनाकार के अनुभव नये होते हैं। उसकी संवेदना नयी होती है। उसके लिए सृजनात्मक भाषा की आवश्कता होती है। अपनी नयी संवेदना के अनुकूल रचनाकार नये शब्दों की रचना करता है। रचनाकार बोलचाल और लोकभाषा के शब्दों कों तराशकर प्रस्तुत करता है। जब वह मानक भाषा का प्रयोग करेगा, तो रचनाकार की अपनी संवेदना ठीक ढंग से व्यक्त नहीं हो पायेगी। वहाँ बोलचाल और लोकभाषा के शब्दों का प्रयोग कर लेखन को धारदार बनाता है।

सृजनात्मक भाषा का बुनियादी महत्त्व होता है, जिसके माध्यम से गद्य और पद्य रचना सम्भव होती है। जिस साहित्य में गद्य समर्थ होता है, वहाँ कविता गद्य से भाषा शक्ति ग्रहण करती है। जहाँ कविता की भाषा में निखार पहले से है वहाँ गद्य कविता के प्रयोगों से अपनी भाषा को तराशता है।

4.1 बोलचाल की भाषा

बोलचाल से मतलब होता है दैनिक प्रयोग की भाषा। जिस भाषा में हमारा दैनिक कार्य-कलाप हुआ करता है। जैसे–हम किसी से बात करते हैं, सब्जी ख़रीदते हैं, उसी प्रकार अनेक प्रकार के प्रयोग करते हैं। बोलचाल की भाषा आम आदमी के जीवन की भाषा होती है। यह मानव जीवन के नजदीक और जीवन में समायी हुई होती है। बोलचाल की भाषा में किसी एक व्यक्ति की रचनात्मकता नहीं होती है। वह हमारी सामूहिक रचनात्मकता का प्रतिफल है। बोलचाल की भाषा में अपार रचनात्मकता को व्यक्त करने के संवेदना होती है। भाषा जब-जब शास्त्रीयता के बोझ से दब जाती है, अपनी रचनात्मकता को व्यक्त करने में असमर्थ हो जाती है।

तब भाषा को फिर से लोकभाषा या बोलचाल की भाषा के पास जाना होता है। अंग्रेजी साहित्य का स्वच्छन्दतावाद इसका गवाह है।

बोलचाल की भाषा का सम्बन्ध भाषा के मौखिक रूप से होता है। वहाँ भाषा में ध्वनि का स्थान प्रमुख होता है। ध्वनियों के अन्तर से अर्थ के अनेक रूपों को देखा जा सकता है। मौखिक भाषा का सम्बन्ध मौखिक रूप से होता है। वहाँ भाषा में ध्वनि का स्थान प्रमुख होता है। ध्वनियों के अन्तर से अर्थ के अनेक रूपों को देखा जा सकता है। लिखित भाषा में अर्थ ध्वनि आधारित नहीं हो सकती। यदि ध्वनि के परिवर्तन को देखना होगा तो हम नाटक में देख सकते हैं। नाटके में अभिनय के द्वारा शब्द के बलाघात से और अधूरे वाक्य से किस प्रकार अर्थ ध्वनियाँ पैदा की जाती हैं। इसे वर्णन द्वारा नहीं समझाया जा सकता। इसका स्वाद नाटक के अभिनय में मिलता है। भाषा में ध्वनि के असंख्य रूप और कलाएँ हैं।

बोलचाल की भाषा का सामाजिक और सांस्कृतिक रिश्ता होता है। जैसे हम ग्रामीण कहानी के पात्र के भोले पन को देख सकते हैं। उसकी मासूमियत का वर्णन साधारण भाषा में नहीं होता। ग्रामीण पात्र को चित्रित करते समय आंचलिक, लोकभाषा के शब्दों का आधार लेना पड़ता है। तभी उसमें विश्वासनीयता आ जाती है। ग्रामीण पात्र की निश्छलता देखने के लिए उसके जीवन में बसी संस्कृति के अनुरूप शब्दों का प्रयोग कर सकते हैं। उदाहरण के रूप में हम रेणु जी की 'आत्मसाक्षी' कहानी का संवाद देखेंगे—

"आप गद्दार हैं, चन्द्रिका ने ऊँगली उठाकर पिस्तौल का निशाना लेने के लहजे में कहा–गनपत को लगता है कि चाँद-सूरज में भी दरार पड़ गयी है। दुनिय की हर चीज आज दो भागों में बँटी हुई लगती है। हर आदमी के दो टुकड़े, दो मुखड़े और दर का हुआ दिल। समय के अनुसार भाषा अपना अलग रूप बनाती है। परिवार में हम भाषा के जिस रूप का प्रयोग करते हैं, उसी तरह की बोलचाल की भाषा दफ्तर में प्रयोग नहीं करते।

4.2 साहित्य की भाषा

सृजनात्मक लेखन साहित्य रचना का सर्वाधिक महत्त्वपूर्ण पहलू माना जाता है। जीवन की अनुभूतियाँ अनेक प्रकार की होती है, इन्हें प्रकट करने के लिए हर मानव अपनी-अपनी पद्धति को अपनाता है। सृजनात्मक लेखन में हम अपने समय की छाप को गहराई से देख सकते है। समय के अनुरूप विधाओं में परिवर्तन होता है। सृजनात्मक लेखन एक जैविक प्रक्रिया है। वह अपने लिए भाषा का विशिष्ट रूप चुन लेती है। इसलिए साहित्य में विविध विधाओं का विकास होता है। विधाओं की

विविधता के साथ भाषा की विविधता का प्रश्न जुड़ा होता है। कविता की भाषा, नाटक की भाषा, कहानी की भाषा, उपन्यास की भाषा, निबन्ध की भाषा आदि विधाओं की भाषा एक जैसी नहीं होती। कविता की भाषा में शब्द अपने व्यापक अर्थ को घेरता है। उपन्यास की भाषा में चित्रात्मकता होती है। निबन्ध की भाषा में वैचारिकता होती है। नाटक की भाषा में अभिनय की प्रमुखता होती है। रिपोर्ताज में घटनाक्रम की क्रमिकता और वर्णन की चित्रात्मकता मिलती है। यात्रा वृत्तान्त में लेखक की भावना तथ्यों के साथ घुल-मिलकर प्रस्तुत होती है। अनुभव की विविधता ने विभिन्न प्रकार की साहित्यिक विधाओं को रचा, उसमें साहित्यिक भाषा अपनी विभिन्न अर्थ छाया में प्रकट होती रही है।

सृजनात्मक साहित्य में भाषा का रंग जीवन के रंग के साथ बदलता है। जैसे हम बचपन की अनुभूतियों का वर्णन कर रहे है। उसमें भाषा में स्मृति की प्रधानता होती है। वय:काल की भावुकता को दिखाने में भाषा रोमांटिक हो जायेगी। किसी वृद्ध के करुण अनुभव में भाषा करुण होगी। भावों के अनुसार भाषा में परिवर्तन होता रहता है। भाषा में यथार्थ निरीक्षण से व्यंग्य की ताकत पैदा होती है। हमें कबीर में यथार्थ की पकड़ गहरे रूप में देखने मिलती है। सृजनात्मक लेखन की भाषा के अतिरिक्त किसी भाषा में मानवीय भाव और आवेग को पूरी अर्थवत्ता में नहीं पकड़ा जा सकता। सृजनात्मक लेखन में परिवेश का विशिष्ट सम्बन्ध होता है। किसी भी विधा में परिवेश की भूमिका अत्यन्त महत्त्वपूर्ण होती है। कहानी, नाटक, उपन्यास, के पात्र किस परिवेश से है, उसको के अनुकूल ही भाषा की भूमिका होगी। रचनाकार जब लेखन करता है, तब अपने पात्रों और उनके परिवेश के अनुकूल भाषा का प्रयोग करता है, उसमें पात्रों की संवेदना हुआ करती है।

आज हम देखते है कि साहित्य की भाषा का क्षेत्र विशाल होता जा रहा है। उसमें ज्ञान और मानवीय संवेदना का योग होता है। हम मानवीय संवेदना को समझने के लिए शेक्सपियर का प्रसिद्ध नाटक 'किंगलियर' का अन्तिम दृश्य देखते हैं। लियर अपनी छोटी पुत्री कोर्डेलिया की लाश लेकर मंच पर आता है। उस दृश्य में उसके संवाद सुनकर आँखों में आँसू आ जाते हैं। पिता का दुर्भाग्य देखकर हम करुणा से विगलित हो जाते हैं। इस तरह शब्दों में भाव जाग जाते हैं। किसी शास्त्र, विज्ञान या अन्य भाषा में हृदय को छू लेने की क्षमता नहीं होती। इसीलिए साहित्य की भाषा अन्य भाषा से विशिष्ट है। अनुभव और संवेदना का जितना व्यापक प्रयोग साहित्य में होता है उतना किसी भी अन्य शास्त्र में नहीं होता है।

संस्कृति का मूल आधार भाषा है। भाषा का उत्कर्ष साहित्य में प्रकट होता है। संस्कृति ठहरी या स्थिर नहीं होती, संस्कृति हमारे जीवन जीने की प्रक्रिया को सम्पूर्ण

रूप में अभिव्यक्त करती है। वही सम्पूर्णता भाषा में होती है। मनुष्य जिस परिवेश में जीता है, जिस परिस्थिति से प्रभावति होता है। जिसको दबाव और तनाव के बीच भाषा पनपती और विकसीत होती है। संस्कृति जीवन के विविध विभागों से रस ग्रहण करती है। संस्कृति लोक और शिष्ट दोनों में अपनी जड़ जमाये होती है। साहित्य का आधार भी व्यापक होता है, उसमें अनुभव की विविधता होती है। साहित्य के अनुभव कलात्मक, वैचारिक और आलोचनात्मक भी हो सकते हैं। ज्ञान और संवेदना का व्यक्त करने की कला साहित्य में होती है। किन्तु बाजारवाद के कारण साहित्य की भाषा पर संकट आया है। विज्ञापन और दृश्य भाषा की मास अपील के कारण भाषा में सस्तापन लाया जा रहा है। उससे हमारी जीवन के सस्ता और हल्का बनाया जा रहा है। सिर्फ शब्द ही सस्ते होने लगे हैं ऐसा नहीं है, हमारे मानसिक जगत को भी सस्ता कर रहे हैं।

1. फीचर की भाषा : फीचर लेखन का सम्बन्ध समाचार पत्रों से है। जिस प्रकार से समाचार पत्रों में निबन्ध, लेख आदि को छपते हैं, उसी प्रकार समाचार पत्र में फीचर का अपना स्थान होता है। फीचर किन्हीं विशिष्ट घटनाओं पर लिखा जाता है। किसी लुप्त होती परम्परा को याद दिलाने के लिए फीचर का लेखन किया जाता है। किसी नयी समस्या पर भी लिखा जाता है। उसी विषय वस्तु विविध हो सकती है। हम फीचर लेखन की बात कर रहे हैं, तो फीचर यह समाचार पत्र का हिस्सा होता है और समाचार पत्र तरह-तरह के लोगों तक पहुँचता है। जो कम पढ़े-लिखे लोग होते हैं, वे भी समाचार पढ़ते हैं। फीचर लेखन की भाषा में दुरूहता और जटिलता नहीं होनी चाहिए। भाषा में ऐसा प्रयोग हो, जो जन सामान्य की समझ में आने वाली हो। फीचर की भाषा को समाचार का रूप नहीं देना चाहिए। समाचार की भाषा में एक प्रकार की तात्कालिकता होती है। इससे फीचर लेखन की रचनात्मकता को क्षति पहुँच सकती है।

2. निबन्ध की भाषा : निबन्ध लेखन सृजनात्मक लेखन की एक महत्त्वपूर्ण विधा है। निबन्ध के विषय विविध होते हैं। निबन्ध रचनात्मक और सृजनात्मक हुआ करते हैं। निबन्ध में भाव और विचार को विशेष महत्त्व होता है। निबन्ध को लेकर आचार्य शुक्ल जी कहते हैं, "यात्रा के लिए निकलती रही है बुद्धि पर हृदय को भी साथ लेकर। अपना रास्ता निकलती हुई बुद्धि जहाँ कहीं मार्मिक या भावाकर्षक स्थलों पर पहुँचती है, वहाँ हृदय थोड़ा-बहुत रमता अपनी प्रवृत्ति के अनुसार कुछ कहता गया है।" निबन्धकार अपने अनुभव और विचार को मिलाकर क्रमिक गति से निबन्ध में एक सूत्रता लाता है। निबन्ध में भाव खुले हुए होते हैं। उनमें अत: संगति होना आवश्यकत है। निबन्ध की भाषा में शब्दों का अन्त:सूत्र स्वेटर की तरह बुना

हुआ रहता है। ललित निबन्ध की भाषा निबन्धकार के व्यक्तित्व को सम्बद्ध होती है। निबन्ध की भाषा में लय होती है। निबन्ध में भाषा के अर्थ की ओर भी ध्यान देना होता है। प्रसंग में भाषा के साथ आर्थों की चेतना भी होनी चाहिए। अर्थ के अभाव में भाषा कितनी ही अच्छी हो उसमें रचनात्मक संवेदना और नवीनता नहीं मिलेगी निबन्ध में प्रवाहमय भाषा कम ही देखने को मिलती है।

3. कहानी की भाषा : कहानी विधा साहित्य की विशिष्ट विधा है। कहानी कहना एक प्राचीन कला विधि है। अपने घरों में हम दादी और नानी से कहानी सुनते आ रहे हैं। आधुनिक साहित्य में कहानी का जो विकास हुआ है, वह कहानी उस पुरानी कहानी से भिन्न है। अपने घरों में सुनी हुई कहानी में कहीं-न-कहीं हमारी वाचिक परम्परा के संस्कार मौजूद है। दोनों प्रकार की कहानी दो भिन्न परिस्थितियों की उपज थी। अत: दोनों भी कहानियों की भाषा अलग-अलग है। कहानी में भाषा का सवाल कुछ शब्दों को छोड़ने और लेने तक ही सीमित नहीं है। प्रश्न नयी वास्तविकता के अनुरूप उतनी ही यथातथ्य, कठोर, चुस्त, संवेदनशील और सजीव भाषा के निर्माण का है। प्रेमचन्द पूर्व कहानियाँ घटना प्रधान थी। प्रेमचन्द की 'शतरंज के खिलाड़ी' का उदाहरण लेते हैं। प्रेमचन्द की भाषा वातावरण, चरित्र और कथ्य को एक साथ रख देती है। उस कहानी में परिवेश और चरित्र, महत्त्वपूर्ण है।

4.3 मीडिया की भाषा

मीडिया में हिन्दी का प्रयोग कोई नयी बात नहीं है, किन्तु स्वतन्त्रता के बाद हिन्दी भाषा का प्रयोग राजभाषा तथा प्रयोजनमूलक हिन्दी के रूप में निरन्तर विकासमान है। जनसामान्य को उपयोगी सूचनाएँ एवं खबरें देने के लिए सदियों से सरकार एवं व्यापारी इसी भाषा का प्रयोग करते हैं। आधुनिक मीडिया के प्रमुख माध्यम आकाशवाणी, दूरदर्शन, फिल्में, समाचार पत्र, पत्रिकाएँ, इंटरनेट और विज्ञापन हैं। मीडिया के सभी माध्यमों में हिन्दी ने मजबूत पकड़ बना ली है। चाहे वह हिन्दी के समाचार पत्र हो, रेडियो हो, दूरदर्शन हो, हिन्दी सिनेमा हो, विज्ञापन हो सर्वत्र हिन्दी छायी हुई है। वर्तमान समय में हिन्दी को वैश्विक सन्दर्भ प्रदान करने में उसके बोलने वालों की संख्या हिन्दी फिल्में, पत्र-पत्रिकाएँ, विभिन्न हिन्दी चैनल, हिन्दी का विश्वस्तरीय साहित्य, साहित्यकार आदि का विशेष योगदान रहा। इसके अतिरक्त हिन्दी को विश्वव्यापी बनाने में इंटरनेट की भूमिका भी महत्त्वपूर्ण रही है।

हिन्दी आज देशभर में आम बोल-चाल की भाषा है। आज अधिकतर लोग हिन्दी का प्रयोग कर रहे हैं। हिन्दी आज एक ऐसी भाषा है, जो दुनिया में इतने बड़े स्तर पर बोली और समझी जाती है। यह तथ्य आज सभी स्वीकार करते हैं कि हिन्दी

अब व्यावहारिक तौर पर इस देश की सम्पर्क भाषा बन चुकी है। अब भारत के साथ सम्पर्क रखने के लिए हिन्दी अग्रसर रही है।

रेडियो की भाषा

सूचना, मनोरंजन और शिक्षित करने वाले रेडियो की अनेक विशेषताएँ रही हैं। भारत के सुदूर गाँवों, जहाँ अभी तक बिजली का प्रकाश नहीं हुआ है अथवा बिजली का अनियमितता बदस्तूर जारी है, वहाँ लोगों के मनोरंजन का साधन, शिक्षा का साधन और सूचना प्राप्त करने का साधान एकमात्र जन-माध्यम रेडियो ही है। रेडियो-प्रसारण में ग्रामीण क्षेत्रों के लिए विशेष रूप से होने वाले कार्यक्रमों का महत्त्वूपर्ण स्थान है। भारत एक विशाल देश है। यहाँ गाँवों की संख्या लगभग पाँच लाख है। जनसंख्या का एक बड़ा हिस्सा गाँवों में बसता है। असंख्य गाँव ऐसे दूर-दराज क्षेत्रों में बसे हैं, जिनका बाहर से सीमित सम्बन्ध है। ऐसे क्षेत्रों के लिए ये प्रसारण सूचना जानकारी एवं मनोरंजन का महत्त्वपूर्ण एवं सुलभ माध्यम है। रेडियो-प्रसारण में कई विधाओं का प्रयोग किया जाता है। उच्चारित शब्द में सबसे अधिक प्रयोग में लायी जाने वाली विधा है रेडियो वार्ता। परन्तु सबसे अधिक प्रयोग में लाया जाने वाला यह फॉरमेट सबसे अधिक नीरस और सबसे आसान समझा जाता है।

अधिकांश लोग रेडियो लेखन तथा समाचार पत्र और पुस्तकों के लेखन का अन्त नहीं समझ पाते। रेडियो या समाचार पत्र के लिए लेखन कुशलता से किया जा सकता है। किन्तु बात ऐसी है कि समाचार पत्र और रेडिया दोनों अलग-अलग माध्यम है। पढ़े जाने और सुने जाने वाले माध्यम में भिन्नता होती है। रेडियो श्रव्य-माध्यम है यानी वार्ताकार की बात सुनी जा रही है, परन्तु सुनने बावजूद यह प्रत्यक्ष संवाद से भिन्न स्थिति है। यह एकपक्षीय संवाद है, जिससे द्विपक्षीय संवाद का आभास होता है। रेडिया वार्ता न लेख है, न भाषण। यह समानता के स्तर पर वार्ताकार और श्रोता का संवाद है। अतएव इसका स्वरूप ऐसा होना चाहिए कि संवाद में सीधी सहभागिता के बिना भी श्रोता को यह आभास हो कि वार्ता या बातचीत उसी से हो रही है।

वार्ता लेखन में बातचीत की भाषा का प्रयोग होना चाहिए। आमतौर पर रेडिया-वार्ता के लिए आलेख माँगा जाता है और वार्ताकार लेखन प्रक्रिया में माध्यम को भूल जाते हैं। क्लिष्ट शब्दों के प्रयोग से बचना चाहिए। वार्ता में वही शब्दों को उपयोग में लाये जो हम बातचीत में प्रयोग में लाते हैं। भाषा की क्लिष्टता अच्छे विषय को भी नीरस बना देती है। इसमें शब्दज्ञान या भाषा ज्ञान के अनावश्यक प्रदर्शन से बचना चाहिए। भाषा की सरलता कुछ विषयों में अपवाद हो सकती है।

कोई वार्ता अगर विशुद्ध साहित्यिक विषय पर लिखी जा रही हो, तो उसमें कई वर्णन ऐसे हो सकते हैं, जो आलंकारिक भाषा की माँग करते हैं। कभी-कभी सामान्य भाषा के प्रयोग से भी सुन्दर कल्पना की जा सकती है।

भाषा की सरलता के साथ-साथ वाक्य संरचना का भी ध्यान रखना चाहिए। रेडियो श्रव्य माध्यम है, अतएव वार्ता का समुचित लेखन ही पर्याप्त नहीं हैं। अच्छी-से-अच्छी वार्ता भी सुन्दर प्रस्तुति के अभाव में श्रोता को आकर्षित करने में असफल रहती है। लेख में भाषा या शब्द वही अर्थ देते हैं, जो पाठक लेना चाहता है। परन्तु रेडियो-प्रसारण में प्रसारक की भूमिका भी महत्त्वपूर्ण हो जाती है। वह अपनी प्रस्तुति से शब्दों को जीवन्त बनाता है। रेडियो की सुई घुमाते हुए कभी-कभी हम अचानक किसी स्वर पर ठिठक जाते हैं। यह प्रस्तुतीकरण का कौशल है। व्यक्ति को उसके बोलने की कला, उच्चारण, स्वर के उतार-चढ़ाव, विराम, अर्द्धविराम आदि सभी बातों का ध्यान देना चाहिए।

वार्ता में अगर कहीं ऐसी घटनाओं, संस्मरण आदि का समावेश हो जो नाटकीयता की माँग करते हैं, तो उसे उसी रूप में पढ़ने का अभ्यास करना चाहिए। इससे रचना अर्थवान और सजीव हो उठती है।

प्राचीन काल में अर्थात आदिम युग में भाषा का माध्यम सीमित था। भाषा यद्यपि मानव सम्प्रेषण का सशक्त माध्यम है, तथापि अविकसित स्थिति में जब भाषा के लिखित रूप की कल्पना हुई थी, लोकगीत एवं लोक-गाथाएँ ही मानव जीवन की अमूल्य निधि थी। अभिव्यक्ति का सशक्त माध्यम है, भाषा का लिखित रूप, लेकिन यह रूप जब तक विकसित नहीं था। अभिव्यक्ति अनपढ़ थी, सहज और अकृत्रिम भी थी। मानव की अनुभूति को यही सहज अभिव्यंजना लोक-गीतों और लोक कथाओं में मिलती है। मनुष्य अपने सुख-दुःख, हर्ष-विवाद की अभिव्यंजना लोक-गीतों और लोक कथाओं में मिलती है।

टेलीविजन में हिन्दी का प्रयोग

टेलीविजन एक वैज्ञानिक उपकरण है। टेलीविजन जनसंचार का दृश्य-श्रव्य माध्यम है। ध्वनि के साथ-साथ चित्रों के सजीव प्रसारण के कारण यह अपने कार्यक्रम को रुचिकर बना देता है, जिसका समूह पर प्रभावशाली और प्रत्यक्ष प्रभाव पड़ता है। टेलीविजन मुख्य रूप से दृष्टि-निर्बन्ध के सिद्धान्त पर आधारित है। जिस वस्तु या व्यक्ति का बिम्ब टेलीविजन के माध्यम से प्रसारित करना होता है, उस पर बहुत तेज प्रकाश डाला जाता है। मानव ने अपनी मस्तिष्क की प्रौढ़ता एवं अभिव्यक्ति की

छटपटाहट ने संचार तथा सूचना साधनों में वृद्धि की है। मानव ने अपनी भाषा के अनुरूप भाषा का निर्माण किया। ऐसा भाषा और तकनीक का खेल हमेशा ही चला आ रहा है।

मूक भाषा से लिखित भाषा, लिखित से मुद्रित भाषा और मुद्रोच्चारित अन्धों के प्रयोग में आने वाली भाषा ने अनेक चोले पहने। इस संसार-सूचना विश्व के विकास यात्रा में हिन्दी अपना विशेष महत्त्व रखती है। क्योंकि हिन्दी मध्यकाल में सन्तों की बोली रही, जबकि आजादी के आन्दोलन में 'जन-जन जोड़ो' की उक्ति को चरितार्थ करने वाली रही। उन्हीं कारणों से सूचना विश्व में भारत के परिप्रक्ष्य में देखे, तब हिन्दी भाषा अपना अनन्य साधारण महत्त्व रखती है। सभी वर्गों को अपने में समेटने वाले रेडियो, टेलीविजन में भी इस भाषा ने अपनी जगह पहले से बनायी। टेलीविजन दृश्य-श्रव्य माध्यम होने के कारण वह समाज में अधिक प्रभावशाली रह। वह भी उसकी अपनी भाषा के साथ आजकल प्रसारण पर आधारित जनसंचार माध्यमों में टेलीविजन अत्यन्त महत्त्वपूर्ण, शक्तिशाली और लोकप्रिय है। लोगों का झुकाव महँगा साधन होने के बावजूद इसकी ओर गहरा है। रेडियो तथा टेलीविजन की कार्य-पद्धति लगभग मिलती-जुलती है। इसमें विभिन्न अधिकारी होते हैं, जो अपने-अपने विभाग से सम्बन्धित कार्यक्रमों के निर्माण तथा प्रसारण के लिए उत्तरदायी हुआ करते हैं। टेलीविजन कार्यक्रमों को निर्माण दूरदर्शन केन्द्र के निजी स्टूडियो में तथा बाहर भी होता है। टेलीविजन कार्यक्रमों के निर्माताओं को भी दूरदर्शन के लिए कार्यक्रम बनाने के लिए अनुबन्धित किया जाता है। दूरदर्शन द्वारा अन्य देशों के कार्यक्रम भी दिखाये जाते हैं। विभिन्न क्षेत्रों में अवस्थित केन्द्र अपने क्षेत्र की भाषा में कार्यक्रमों को प्रसारण करने के साथ-साथ दिल्ली केन्द्र द्वारा प्रसारित राष्ट्रीय कार्यक्रमों को भी रिले करते हैं। दूरदर्शन के कार्यक्रम सभी वर्ग और आय के लोगों को ध्यान में रखकर प्रस्तुत किये जाते हैं।

टेलीविजन समाज के लिए सूचना प्रसारित करता है। लेकिन सूचना की भाषा व्यक्ति प्रभावित होती है। डॉ. दत्तात्रय पुंण्डे भाषा भेद के कारण इस प्रकार प्रकाश डालते हैं, "भाषा भेद का और एक कारण है और वह है खुद भाषा की यन्त्रणा में ही भाषा समाज की मालिकाना वस्तु है, किन्तु उसका प्रत्यक्षत: प्रयोग मात्र अकेले व्यक्ति से होता हे। हर व्यक्ति अपनी प्रकृति, व्यक्तिगत रुचि, जरूरतों के रंग मिला के ही इस यन्त्रणा का प्रयोग करते हैं।" टेलीविजन की भाषा व्यक्ति द्वारा बनायी दृश्यपूर्ण भाषा होती है। पटकथा-लेखन, समाचार-लेखन, प्रस्तुतीकरण आदि में व्यक्ति की भाषा के परिणाम ही दिखाई देते हैं। इसीलिए टेलीविजन की भाषा-निर्माण

में व्यक्तिगत हस्तक्षेप एवं रुचि का प्रभाव दिखाई देना स्वाभाविक है। भविष्य में टेलीविजन की भाषा व्यक्तिगत प्रभावों से युक्त लेकिन सम्प्रेषण के अनुकूल ऐसी हो सके तो बोलियों और विदेशी शब्दों से युक्त रहेगा।

इंटरनेट (अन्तरजाल) की भाषा

दुनिया में पत्रकारिता के क्षेत्र में संचार माध्यम के रूप में अन्तरजाल एक प्रभावी माध्यम बनकर खड़ा है। अन्तरजाल भविष्य का सबसे तेज माध्यम है। फिलहाल में इसका कोई विकल्प हमारे पास उपलब्ध नहीं है। इसके प्रभाव को लेकर वैज्ञानिकों का मानना है कि "अब इंटरनेट के आने और समाचार सम्प्रेषण का माध्यम बनने के साथ ही कहा जा रहा है कि सर्वप्रथम समाचार देने के टेलीविजन के महत्त्व झपट लेगा ज्यादातर प्रमुख समाचार पत्रों में 'न्यूयॉर्क टाइम्स', 'टाइम्स ऑफ इंडिया' ने इंटरनेट की उपयोगिता को समझते हुए बड़ी-बड़ी समाचार एजेंसियों ने समाचार-पत्रों, रेडियो, टेलीविजन की खबरें, वेब-सीरीज या अन्य समाचार के जो दूसरे माध्यम हैं, उनको आपस में विलय कर इंटरनेट से जोड़ दिया गया है, जिससे खबरें तथा अन्य जरूरी सामग्री त्वरित-गति से एक साथ उपलबध हो जायें और उनका सर्कुलेशन भी तेजी से एक साथ हो सके। इन एजेंसियों का मुख्य उद्देश्य है, बाजार पर कब्जा। इस समझ के लिए अन्तरजाल सफलापूर्वक हर क्षेत्र में रामबाण साबित होने लगा है। चाहे स्टॉक बाजार का उतार-चढ़ाव हो हर जगह नजर रखनी हो या फिर हॉलीवुड, बॉलीवुड की डुबकी लगानी हो, पुस्तकों के संसार में भ्रमण करना हो या संगीत का रसास्वादन, सभी कुछ इंटरनेट पर उपलब्ध है। सच कहा जाये तो नये माध्यमों ने सूचना-समाचारों के आदान-प्रदान की मौजूदा व्यवस्था का काफी हदतक जनतन्त्रीकरण है। इंटरनेट से विश्व के कोने-कोने में ऑनलाइन वेबसाइट बनाना, ऑनलाइन कोई सॉफ्टवेयर सीखना, ऑनलाइन क्लास करना, ऑनलाइन रिर्पोटिंग के साथ-साथ सिनेमा और टी.वी. सीरियल का सम्पादन भी किया जा रहा है। भारतीय जनमानस में खास तौर पर युवा पीढ़ी मोबाइल जैसे गैजेट पर वीडियो गेम खेलती है, मनोरंजन जैसी वस्तुएँ सर्च कर रही है, जबकि वह अपने माध्यम से कृषि, जल या अन्य क्षेत्र में भी अपनी उत्पादकता को बढ़ाकर बाजार तक पहुँच सकता है तथा अपनी आमदानी बढ़ा सकता है। शिक्षा, इतिहास, भूगोल, विज्ञान, चिकित्सा, फिल्म, मनोरंजन, सॉफ्टवेअर या किसी गैजेट से सम्बन्धित किसी भी वीडियो को यूट्यूब पर जब सर्च किया जाता है तो वीडियो खुलने के साथ ही उस पर पाँच या दस सेकेंड के दो, तीन विज्ञापन दिखाई पड़ते हैं।

मीडिया पर सिर्फ पढ़े-लिखे शिक्षित ही लोग है, ऐसा नहीं। आम-जन भी है। अर्थात सम्भ्रान्तजनों के साथ-साथ सृजन और उत्पादन करने वाला सबसे अन्तिम वर्ग जैसे कारीगर, मजदूर, मिस्त्री, कारपेंटर, किसान भी मीडिया पर निर्भर हैं। जो भी स्मार्ट फोन खरीदता है, उसका अकाउंट फेसबुक या यूट्यूब पर हो और जब वह वहाँ पर है, तो उसे जैसा परिवेश मिलता है, उसके अनुरूप वह अपने माध्यम का प्रयोग करता है। मीडिया यह लोकतन्त्र के प्रत्येक व्यक्ति के अपनी भावनाओं, अपनी सोच, अपने परिवेश को, अपने ढंग से, अपने हिसाब से, अपने मर्जी से अपने-आपको अभिव्यक्त कर रहा है। इस महाजाल के संजाल में किसी से यह उम्मीद नहीं की जानी चाहिए कि वह हमारे या किसी के विचार के अनुरूप ही लिखेगा। यह डिजिटल जनसैलाब है, सभी तरह की अभिव्यक्ति आयेंगी।

लोकप्रियता के प्रचार-प्रसार में मीडिया एक बेहतरीन प्लेटफार्म है। जहाँ व्यक्ति स्वयं को अथवा अपने किसी उत्पाद को ज्यादा लोकप्रिय बना सकता है। आज फिल्मों के ट्रेलर, टी.वी. प्रोग्राम का प्रसारण भी सोशल-मीडिया के माध्यम से किया जा रहा है। वीडियो तथा ऑडियो चैट भी सोशल-मीडिया के माध्यम है।

जब सोशल-मीडिया का अवतार हुआ, तब ज्यादातर लोग अंग्रेजी भाषा का प्रयोग करते थे, उस समय हिन्दी भाषा लोग मीडिया का सहज उपयोग नहीं कर पाते थे, लेकिन अब बदलते परिदृश्य के साथ-साथ हिन्दी भाषा ने सोशल-मीडिया के मंच पर दस्तक देकर अपने अस्तित्व को और भी बुलन्द तरीके से स्थापित किया है। आज मीडिया पर हिन्दी का प्रयोग लोगों के लिए अलग पहचना दिलाने में आकर्षित साबित हुआ है। फेसबुक, ट्विटर, हॉट्सएप्प पर अंग्रेजी में लिखे गये पोस्ट या फिर कमेंट्स की भीड़ में हिन्दी में लिखी गयी पोस्ट या फिर कमेंट्स प्रयोगकर्ताओं को ज्यादा आकर्षित करने लगी है। आज विभिन्न कम्पनियाँ हिन्दी भाषा में अपना विज्ञापन तथा सूचनाओं का प्रचार-प्रसार करती है, क्योंकि उनका मानना है कि आज सूचनाओं को बहुसंख्यक लोगों तेक पहुँचाना है, तो वही भाषा चुननी होगी, जिसके पाठक अधिक हों तथा ग्राहक सहजता और पारिवारिकता महसूस करें। इसके लिए हिन्दी से अच्छा विकल्प ही नहीं है। सोशल-मीडिया में हिन्दी भाषा का वर्चस्व का प्रमुख करण यह है कि हिन्दी भाषा अभिव्यक्ति का सशक्त एवं वैज्ञानिक माध्यम है। सम्बन्धित पोस्ट के भावों को समझने में असुविधा नहीं होती है। लिखी गयी बात पाठक तक उसी भाव में पहुँचती है, जिसे भाव से लिखा जाता है। सोशल-मीडिया पर मौजूद हिन्दी का ग्राफ दिनो-दिन बढ़कर चौगुनी आसमान को छू रहा है। यह हिन्दी भाषा की सुगमता, सरलता और समृद्धि का ही प्रतीक है।

□□